PAPST FRANZISKUS

Patris corde

*Apostolisches Schreiben
anlässlich des 150. Jahrestages
der Erhebung des heiligen Josef
zum Schutzpatron der ganzen Kirche*

Anhang

JAHR DES HEILIGEN JOSEF
Dekret der Apostolischen Pönitentiarie
Der heilige Josef und die Päpste
Gebete zu Ehren des heiligen Josef

LIBRERIA
EDITRICE
VATICANA

Anhang:
Herausgegeben von Giuseppe Merola

Umschlagbild:
Schlafender heiliger Josef
(handbemalte Keramik von Brunella Malfatti)
© Foto Libreria Editrice Vaticana

ISBN 978-88-266-0566-1

www.vatican.va

www.libreriaeditricevaticana.com

PAPST FRANZISKUS

Apostolisches Schreiben

Patris corde

anlässlich des 150. Jahrestages
der Erhebung des heiligen Josef
zum Schutzpatron der ganzen Kirche

MIT VÄTERLICHEM HERZEN liebte Josef Jesus, der in allen vier Evangelien »*der Sohn Josefs*« genannt wird.[1]

Die beiden Evangelisten Matthäus und Lukas, die seine Gestalt herausgestellt haben, erzählen nicht viel, aber doch genug, dass deutlich wird, auf welche Weise Josef Vater war und welche Sendung ihm die Vorsehung anvertraut hatte.

[1] *Joh 6,42*; vgl. *Mt 13,55*; *Mk 6,3*; *Lk 4,22*.

Wir wissen, dass er ein einfacher Zimmermann war (vgl. *Mt* 13,55), der Verlobte Marias (vgl. *Mt* 1,18; *Lk* 1,27); er war »gerecht« (*Mt* 1,19), allzeit bereit, Gottes Willen zu tun, der sich ihm im Gesetz (vgl. *Lk* 2, 22.27.39) und durch vier Träume (vgl. *Mt* 1,20; 2,13.19.22) kundtat. Nach einer langen und beschwerlichen Reise von Nazaret nach Betlehem war er zugegen, als der Messias in einem Stall geboren wurde, weil anderswo »kein Platz für sie war« (*Lk* 2,7). Er war Zeuge der Anbetung der Hirten (vgl. *Lk* 2,8-20) und der Sterndeuter (vgl. *Mt* 2,1-12), welche das Volk Israel bzw. die Heidenvölker repräsentierten.

Er hatte den Mut, vor dem Gesetz die Rolle des Vaters Jesu zu übernehmen, und er gab ihm den vom Engel geoffenbarten Namen: »Ihm sollst du den Namen Jesus geben; denn er wird sein Volk von seinen Sünden erlösen« (*Mt* 1,21). Einer Person oder einer Sache einen Namen zu geben bedeutete bei den alten Völkern bekanntlich die Erlangung einer Zugehörigkeit, so wie Adam es nach dem Bericht der Genesis tat (vgl. 2,19-20).

Gemeinsam mit Maria stellte Josef vierzig Tage nach der Geburt im Tempel das Kind dem Herrn dar und hörte mit Staunen die Prophezeiung des Simeon über Jesus und Maria (vgl. *Lk* 2,22-35). Um Jesus vor Herodes zu beschützen, hielt er sich als Fremder in Ägypten auf (vgl. *Mt* 2,13-18). Nach seiner Rückkehr in die Heimat lebte er in der Verborgenheit des kleinen unbekannten Dorfes Nazaret in Galiläa – von wo man sich keinen Propheten und auch sonst nichts Gutes erwartete (vgl. *Joh* 7,52; 1,46) – weit entfernt sowohl von Betlehem, seiner Geburtsstadt, als auch von Jerusalem, wo der Tempel stand. Als sie just auf einer Wallfahrt nach Jerusalem den zwölfjährigen Jesus verloren hatten, suchten Josef und Maria ihn voller Sorge und fanden ihn schließlich im Tempel wieder, wo er mit den Gesetzeslehrern diskutierte (vgl. *Lk* 2,41-50).

Nach Maria, der Mutter Gottes, nimmt kein Heiliger so viel Platz im päpstlichen Lehramt ein wie Josef, ihr Bräutigam. Meine Vorgänger haben die Botschaft, die in den wenigen von den Evangelien überlieferten Angaben enthalten ist, vertieft, um seine zentrale Rolle in der Heilsgeschichte deutlicher hervorzuheben. Der selige Pius IX. erklärte ihn zum »Patron der katholischen Kirche«[2], der ehrwürdige

---

[2] S. Rituum Congreg., *Quemadmodum Deus* (8. Dezember 1870): *ASS* 6 (1870-71), 194.

Diener Gottes Pius XII. ernannte ihn zum »Patron der Arbeiter«,[3] und der heilige Johannes Paul II. bezeichnete ihn als »Beschützer des Erlösers«.[4] Das gläubige Volk ruft ihn als Fürsprecher um eine gute Sterbestunde an.[5]

Anlässlich des 150. Jahrestages seiner Erhebung zum *Patron der katholischen Kirche* durch den seligen Pius IX. am 8. Dezember 1870 möchte ich daher – wie Jesus sagt – »mit dem Mund von dem sprechen, wovon das Herz überfließt« (vgl. *Mt* 12,34), und einige persönliche Überlegungen zu dieser außergewöhnlichen Gestalt mit euch teilen, die einem jeden von uns menschlich so nahe ist. Dieser Wunsch ist jetzt in den Monaten der Pandemie gereift. In dieser Krise konnten wir erleben, dass »unser Leben von gewöhnlichen Menschen – die gewöhnlich vergessen werden – gestaltet und erhalten wird, die weder in den Schlagzeilen der Zeitungen und Zeitschriften noch sonst im Rampenlicht der neuesten Show stehen, die aber heute zweifellos eine bedeutende

---

[3] Vgl. *Ansprache an die ACLI anlässlich des Gedenktags des heiligen Josef, des Arbeiters* (1. Mai 1955): *AAS* 47 (1955), 406.

[4] Apostolisches Schreiben *Redemptoris custos* (15. August 1989): *AAS* 82 (1990), 5-34.

[5] *Katechismus der Katholischen Kirche*, 1014.

Seite unserer Geschichte schreiben: Ärzte, Krankenschwestern und Pfleger, Supermarktangestellte, Reinigungspersonal, Betreuungskräfte, Transporteure, Ordnungskräfte, ehrenamtliche Helfer, Priester, Ordensleute und viele, ja viele andere, die verstanden haben, dass niemand sich allein rettet. […] Wie viele Menschen üben sich jeden Tag in Geduld und flößen Hoffnung ein und sind darauf bedacht, keine Panik zu verbreiten, sondern Mitverantwortung zu fördern. Wie viele Väter, Mütter, Großväter und Großmütter, Lehrerinnen und Lehrer zeigen unseren Kindern mit kleinen und alltäglichen Gesten, wie sie einer Krise begegnen und sie durchstehen können, indem sie ihre Gewohnheiten anpassen, den Blick aufrichten und zum Gebet anregen. Wie viele Menschen beten für das Wohl aller, spenden und setzen sich dafür ein«.[6] Alle können im heiligen Josef, diesem unauffälligen Mann, diesem Menschen der täglichen, diskreten und verborgenen Gegenwart, einen Fürsprecher, Helfer und Führer in schwierigen Zeiten finden. Der heilige Josef erinnert uns daran, dass all jene, die scheinbar im Verborgenen oder in

---

[6] *Besondere Andacht in der Zeit der Pandemie* (27. März 2020): *L'Osservatore Romano* (dt.), Jg. 50 (2020), Nr. 14/15 (3. April 2020), S. 6.

der „zweiten Reihe" stehen, in der Heilsgeschichte eine unvergleichliche Hauptrolle spielen. Ihnen allen gebührt Dank und Anerkennung.

1. *Geliebter Vater*

Die Bedeutung des heiligen Josef besteht darin, dass er der Bräutigam Marias und der Nährvater Jesu war. Als solcher stellte er sich in den Dienst des »allgemeinen Erlösungswerks«, wie der heilige Johannes Chrysostomus sagt.[7]

Der heilige Paul VI. stellt fest, dass seine Vaterschaft sich konkret darin ausdrückte, dass er »sein Leben zu einem Dienst, zu einem Opfer an das Geheimnis der Menschwerdung und an den damit verbundenen Erlösungsauftrag gemacht hat; dass er die ihm rechtmäßig zustehende Autorität über die heilige Familie dazu benützt hat, um sich selbst, sein Leben und seine Arbeit ganz ihr hinzugeben; dass er seine menschliche Berufung zur familiären Liebe in die übermenschliche Darbringung seiner selbst, seines Herzens und aller Fähigkeiten verwandelt hat, in

---

[7] *In Matth. Hom.*, V, 3: *PG* 57, 58.

8

die Liebe, die er in den Dienst des seinem Haus entsprossenen Messias gestellt hat«.[8]

Aufgrund dieser seiner Rolle in der Heilsgeschichte wurde der heilige Josef zu einem Vater, der von den Christen seit jeher geliebt wurde. Dies sieht man daran, dass ihm weltweit zahlreiche Kirchen geweiht wurden, dass viele Ordensgemeinschaften, Bruderschaften und kirchliche Gruppen von seinem Geist inspiriert sind und seinen Namen tragen und dass ihm zu Ehren seit Jahrhunderten verschiedene religiöse Bräuche gewidmet sind. Viele heilige Männer und Frauen verehrten ihn leidenschaftlich, wie etwa Theresia von Avila, die ihn zu ihrem Anwalt und Fürsprecher erkoren hatte, sich ihm vielfach anvertraute und alle Gnaden erhielt, die sie von ihm erbat; ermutigt durch ihre eigene Erfahrung, brachte die Heilige auch andere dazu, ihn zu verehren.[9]

In jedem Gebetbuch finden sich einige Gebete zum heiligen Josef. Jeden Mittwoch und vor allem während des gesamten Monats März, der traditionell

[8] *Homilie* (19. März 1966): *Insegnamenti di Paolo VI*, IV (1966), 110.

[9] Vgl. *Das Buch meines Lebens*, 6, 6-8.

ihm gewidmet ist, werden besondere Bittgebete an ihn gerichtet.[10]

Das Vertrauen des Volkes in den heiligen Josef ist in dem Ausdruck „*Ite ad Joseph*" zusammengefasst, der sich auf die Zeit der Hungersnot in Ägypten bezieht, als das Volk den Pharao um Brot bat und er antwortete: »Geht zu Josef! Tut, was er euch sagt!« (*Gen* 41,55). Das war Josef, der Sohn Jakobs, der aus Neid von seinen Brüdern verkauft wurde (vgl. *Gen* 37,11-28) und der – nach der biblischen Erzählung – später Vizekönig von Ägypten wurde (vgl. *Gen* 41,41-44).

Als Nachkomme Davids (vgl. *Mt* 1,16.20), aus dessen Wurzel Jesus als Spross hervorgehen sollte,

---

[10] Seit mehr als vierzig Jahren bete ich jeden Tag nach den Laudes ein Gebet zum heiligen Josef, das einem französischen Andachtsbuch der Kongregation der Barmherzigen Schwestern von Jesus und Maria aus dem 19. Jahrhundert entnommen ist. Dieses Gebet bringt dem heiligen Josef Verehrung und Vertrauen entgegen, fordert ihn aber auch ein wenig heraus: »Heiliger Josef, glorreicher Patriarch, der du das Unmögliche möglich machen kannst, komm mir in meiner Not und Bedrängnis zu Hilfe. Gewähre in den ernsten und schwierigen Anliegen, die ich dir anvertraue, deinen Schutz, sodass alles ein glückliches Ende nimmt. Mein geliebter Vater, ich setze mein ganzes Vertrauen in dich. Niemand soll sagen können, er habe dich vergeblich angerufen, und da du bei Jesus und Maria alles erwirken kannst, lass mich erfahren, dass deine Güte ebenso groß ist wie deine Macht. Amen.«

wie der Prophet Natan David verheißen hatte (vgl.
2 Sam 7), und als Bräutigam der Maria von Nazaret stellt der heilige Josef eine Verbindung zwischen
dem Alten und dem Neuen Testament dar.

2. *Vater im Erbarmen*

Josef erlebte mit, wie Jesus heranwuchs und
Tag für Tag an Weisheit zunahm und bei Gott und
den Menschen Gefallen fand (vgl. *Lk* 2,52). Wie es
der Herr mit Israel tat, so brachte Josef Jesus das
Gehen bei und nahm ihn auf seine Arme. Er war
für ihn wie ein Vater, der sein Kind an seine Wange
hebt, sich ihm zuneigt und ihm zu essen gibt (vgl.
Hos 11,3-4).

Jesus erlebte an Josef Gottes Barmherzigkeit:
»Wie ein Vater sich seiner Kinder erbarmt, so erbarmt sich der Herr über alle, die ihn fürchten« (*Ps*
103,13).

Sicher wird Josef in der Synagoge während des
Psalmengebets wiederholt gehört haben, dass der
Gott Israels ein barmherziger Gott ist,[11] der gut zu
allen ist und dessen Erbarmen über all seinen Werken waltet (vgl. *Ps* 145,9).

---

[11] Vgl. *Dtn* 4,31; *Ps* 69,17; 78,38; 86,5; 111,4; 116,5; *Jer* 31,20.

Die Heilsgeschichte erfüllt sich »gegen alle Hoffnung [...] voll Hoffnung« (*Röm* 4,18) durch unsere Schwachheit hindurch. Allzu oft denken wir, dass Gott sich nur auf unsere guten und starken Seiten verlässt, während sich in Wirklichkeit die meisten seiner Pläne durch und trotz unserer Schwachheit realisieren. Eben das lässt den heiligen Paulus sagen: »Damit ich mich wegen der einzigartigen Offenbarungen nicht überhebe, wurde mir ein Stachel ins Fleisch gestoßen: ein Bote Satans, der mich mit Fäusten schlagen soll, damit ich mich nicht überhebe. Dreimal habe ich den Herrn angefleht, dass dieser Bote Satans von mir ablasse. Er aber antwortete mir: Meine Gnade genügt dir; denn die Kraft wird in der Schwachheit vollendet« (*2 Kor* 12,7-9).

Wenn dies die Perspektive der Heilsökonomie ist, müssen wir lernen, unsere Schwachheit mit tiefem Erbarmen anzunehmen.[12]

Der Böse lässt uns verächtlich auf unsere Schwachheit blicken, während der Heilige Geist sie voll Erbarmen ans Tageslicht bringt. Die Sanftmut ist der beste Weg, um mit dem Schwachen in uns

---

[12] Vgl. Apostolisches Schreiben *Evangelii gaudium* (24. November 2013), 88; 288: *AAS* 105 (2013), 1057; 1136-1137.

umzugehen. Der ausgestreckte Zeigefinger und die Verurteilungen, die wir anderen gegenüber an den Tag legen, sind oft ein Zeichen unserer Unfähigkeit, unsere eigene Schwäche, unsere eigene Zerbrechlichkeit innerlich anzunehmen. Nur die Sanftmut wird uns vor dem Treiben des Anklägers bewahren (vgl. *Offb* 12,10). Aus diesem Grund ist es wichtig, der Barmherzigkeit Gottes zu begegnen, insbesondere im Sakrament der Versöhnung, und eine Erfahrung von Wahrheit und Sanftmut zu machen. Paradoxerweise kann uns auch der Böse die Wahrheit sagen, aber wenn er dies tut, dann nur, um uns zu verurteilen. Wir wissen jedoch, dass die Wahrheit, die von Gott kommt, uns nicht verurteilt, sondern aufnimmt, umarmt, unterstützt und vergibt. Die Wahrheit zeigt sich uns immer wie der barmherzige Vater im Gleichnis (vgl. *Lk* 15,11-32): Sie kommt uns entgegen, sie gibt uns unsere Würde zurück, sie richtet uns wieder auf, sie veranstaltet ein Fest für uns, denn »dieser, mein Sohn, war tot und lebt wieder; er war verloren und ist wiedergefunden worden« (V. 24).

Auch durch Josefs Besorgnis hindurch verwirklicht sich der Wille Gottes, seine Geschichte, sein Plan. So lehrt uns Josef, dass der Glaube an Gott auch bedeutet, daran zu glauben, dass dieser selbst durch unsere Ängste, unsere Zerbrechlichkeit und unsere Schwäche wirken kann. Und er lehrt uns, dass wir uns inmitten der Stürme des Lebens nicht davor fürchten müssen, das Ruder unseres Bootes Gott zu überlassen. Manchmal wollen wir alles kontrollieren, aber er hat alles wesentlich umfassender im Blick.

3. *Vater im Gehorsam*

Wie Gott Maria seinen Heilsplan offenbarte, so offenbarte er ihn auch Josef; er tat dies durch Träume, die in der Bibel, wie bei allen alten Völkern, als einer der Wege angesehen wurden, durch die Gott seinen Willen kundtut.[13]

Josef ist angesichts der unerklärlichen Schwangerschaft Marias sehr besorgt: Er will sie nicht öffentlich »bloßstellen«,[14] sondern beschließt, »sich in aller Stille von ihr zu trennen« (*Mt* 1,19).

Im ersten Traum hilft ihm der Engel, einen Ausweg aus seinem ernsten Dilemma zu finden: »Fürchte dich nicht, Maria als deine Frau zu dir zu nehmen; denn das Kind, das sie erwartet, ist vom Heiligen

[13] Vgl. *Gen* 20,3; 28,12; 31,11.24; 40,8; 41,1-32; *Num* 12,6; *1 Sam* 3,3-10; *Dan* 2 u. 4; *Ijob* 33,15.

[14] In diesen Fällen war sogar die Steinigung vorgesehen (vgl. *Dtn* 22,20-21).

14

Geist. Sie wird einen Sohn gebären; ihm sollst du den Namen Jesus geben; denn er wird sein Volk von seinen Sünden erlösen« (*Mt* 1,20-21). Unverzüglich erfolgte seine Antwort: »Als Josef erwachte, tat er, was der Engel des Herrn ihm befohlen hatte« (*Mt* 1,24). Im Gehorsam überwand er sein Dilemma und rettete Maria.

Im zweiten Traum gebietet der Engel Josef: »Steh auf, nimm das Kind und seine Mutter und flieh nach Ägypten; dort bleibe, bis ich dir etwas anderes auftrage; denn Herodes wird das Kind suchen, um es zu töten« (*Mt* 2,13). Josef gehorchte ohne zu zögern und ohne die Schwierigkeiten zu hinterfragen, auf die er stoßen würde: »Da stand Josef auf und floh in der Nacht mit dem Kind und dessen Mutter nach Ägypten. Dort blieb er bis zum Tod des Herodes« (*Mt* 2,14-15).

In Ägypten wartete Josef zuversichtlich und geduldig mit der Rückkehr in sein Land, bis die versprochene Nachricht des Engels bei ihm eintraf. Als der göttliche Bote ihm in einem dritten Traum mitgeteilt hatte, dass diejenigen, die das Kind töten wollten, nun tot seien und ihm befohlen hatte, aufzustehen und das Kind und seine Mutter zu nehmen und in das Land Israel zurückzukehren (vgl. *Mt* 2,19-20), gehorchte er abermals ohne zu zögern: »Da stand er auf und zog mit dem Kind und dessen Mutter in das Land Israel« (*Mt* 2,21).

Als Josef aber auf der Rückreise »hörte, dass in Judäa Archelaus anstelle seines Vaters Herodes regierte, fürchtete er sich, dorthin zu gehen. Und weil er im Traum einen Befehl erhalten hatte« – und es ist dies das vierte Mal –, »zog er in das Gebiet von Galiläa und ließ sich in einer Stadt namens Nazaret nieder« (*Mt* 2,22-23).

Der Evangelist Lukas berichtet seinerseits, dass Josef die lange und beschwerliche Reise von Nazaret nach Betlehem auf sich nahm, um sich gemäß dem von Kaiser Augustus erlassenen Gesetz zur Volkszählung in seiner Heimatstadt eintragen zu lassen. Und unter eben diesen Umständen wurde Jesus geboren (vgl. *Lk* 2,1-7) und, wie alle anderen Kinder auch, ins Einwohnerverzeichnis des Reiches eingetragen.

Der heilige Lukas legt insbesondere Wert darauf mitzuteilen, dass die Eltern Jesu alle Vorschriften des Gesetzes einhielten: die Riten der Beschneidung Jesu, der Reinigung Marias nach der Geburt und der

Darbringung des Erstgeborenen an Gott (vgl. 2,21-24).[15]

In jeder Lebenslage vermochte Josef, sein „*fiat*" zu sprechen, wie Maria bei der Verkündigung und Jesus in Getsemani.

Als Familienoberhaupt brachte Josef Jesus bei, seinen Eltern zu gehorchen (vgl. *Lk* 2,51), wie es dem Gebot Gottes entspricht (vgl. *Ex* 20,12).

In der Verborgenheit von Nazaret, in der Schule Josefs, lernte Jesus, den Willen des Vaters zu tun. Dieser Wille wurde zu seiner täglichen Speise (vgl. *Joh* 4,34). Auch im schwierigsten Augenblick seines Lebens, in Getsemani, zog er es vor, den Willen des Vaters zu tun und nicht seinen eigenen,[16] und er war »gehorsam bis zum Tod [...] am Kreuz« (*Phil* 2,8). Aus diesem Grund kommt der Verfasser des Hebräerbriefes zu dem Schluss, dass Jesus »durch das, was er gelitten hat, den Gehorsam gelernt« hat (5,8).

All diese Ereignisse zeigen: Josef war »von Gott dazu berufen, durch die Ausübung seiner Vaterschaft unmittelbar der Person und Sendung Jesu zu dienen: Auf diese Weise wirkt er in der Fülle der Zeit

---

[15] Vgl. *Lev* 12,1-8; *Ex* 13,2.
[16] Vgl. *Mt* 26,39; *Mk* 14,36; *Lk* 22,42.

an dem großen Geheimnis der Erlösung mit und ist
tatsächlich Diener des Heils«.[17]

4. *Vater im Annehmen*

Josef nimmt Maria ohne irgendwelche Vorbe-
dingungen an. Er vertraut auf die Worte des Engels. »Der Edelmut seines Herzens lässt ihn das, was
er vom Gesetz gelernt hat, der Liebe unterordnen.
Heute stellt sich Josef dieser Welt, in der die psychi-
sche, verbale und physische Gewalt gegenüber der
Frau offenkundig ist, als Gestalt eines respektvollen
und feinfühligen Mannes dar, der, obwohl er nicht
im Besitz aller Informationen ist, sich zugunsten des
guten Rufs, der Würde und des Lebens Marias ent-
scheidet. Und in seinem Zweifel, wie er am besten
handeln soll, half ihm Gott bei der Wahl mit dem
Licht der Gnade für sein Urteil«.[18]

Oft geschehen in unserem Leben Dinge, deren
Bedeutung wir nicht verstehen. Unsere erste Reak-
tion ist oft die der Enttäuschung und des Widerstan-
des. Josef lässt seine Überlegungen beiseite, um dem

---

[17] JOHANNES PAUL II., Apostolisches Schreiben *Redemptoris custos* (15. August 1989), 8: *AAS* 82 (1990), 14.

[18] *Homilie in der heiligen Messe mit Seligsprechungen*, Villa-
vicencio - Kolumbien (8. September 2017): *AAS* 109 (2017), 1061.

Raum zu geben, was geschieht. Wie rätselhaft es ihm auch erscheinen mag, er nimmt es an, übernimmt Verantwortung dafür und versöhnt sich mit seiner eigenen Geschichte. Wenn wir uns nicht mit unserer Geschichte versöhnen, werden wir auch nicht in der Lage sein, den nächsten Schritt zu tun, denn dann bleiben wir immer eine Geisel unserer Erwartungen und der daraus resultierenden Enttäuschungen.

Das geistliche Leben, das Josef uns zeigt, ist nicht ein Weg, der *erklärt*, sondern ein Weg, der *annimmt*. Nur von dieser Annahme her, von dieser Versöhnung her können wir auch eine größere Geschichte, einen tieferen Sinn erahnen. Es scheint wie ein Widerhall der leidenschaftlichen Worte Ijobs, der auf die Forderung seiner Frau, sich gegen all das Böse aufzulehnen, das ihm widerfährt, antwortet: »Nehmen wir das Gute an von Gott, sollen wir dann nicht auch das Böse annehmen?« (*Ijob* 2,10).

Josef ist kein passiv resignierter Mann. Er ist ein mutiger und starker Protagonist. Die Fähigkeit, etwas annehmen zu können, ist eine Weise, wie sich die Gabe der Stärke, die vom Heiligen Geist kommt, in unserem Leben offenbart. Nur der Herr kann uns die Kraft geben, das Leben so anzunehmen, wie es ist, und selbst dem, was darin widersprüchlich, unerwartet oder enttäuschend ist, Raum zu geben.

Jesu Kommen in unsere Mitte ist ein Geschenk des Vaters, auf dass ein jeder sich mit seiner konkreten eigenen Geschichte versöhnen möge, auch wenn er sie nicht ganz versteht.

Das, was Gott zu unserem Heiligen gesagt hat: »Josef, Sohn Davids, fürchte dich nicht« (*Mt* 1,20), scheint er auch uns zu sagen: „Fürchtet euch nicht!" Wir müssen unseren Ärger und unsere Enttäuschung ablegen und ohne weltliche Resignation, sondern mit hoffnungsvoller Kraft Platz machen für das, was wir nicht gewählt haben und was doch existiert. Das Leben auf diese Weise anzunehmen führt uns zu einem verborgenen Sinn. Das Leben eines jeden von uns kann auf wundersame Weise neu beginnen, wenn wir den Mut finden, es gemäß den Weisungen des Evangeliums zu leben. Und es spielt keine Rolle, ob alles schief gelaufen zu sein scheint und ob einige Dinge mittlerweile nicht mehr rückgängig zu machen sind. Gott kann Blumen zwischen den Felsen sprießen lassen. Auch wenn unser Herz uns verurteilt, Gott ist größer als unser Herz und er weiß alles (vgl. *1 Joh* 3,20).

Hier geht es wieder um jenen christlichen Realismus, der nichts von dem, was existiert, wegwirft. In ihrer geheimnisvollen Unergründlichkeit und Vielschichtigkeit ist die Wirklichkeit Trägerin eines Sinns der Existenz mit ihren Lichtern und ihren Schatten. Deswegen kann der Apostel Paulus sagen: »Wir wissen aber, dass denen, die Gott lieben, alles zum Guten gereicht« (*Röm* 8,28). Und der heilige Augustinus fügt hinzu: »Auch das, was böse heißt (etiam illud quod malum dicitur)«.[19] In dieser Gesamtperspektive gibt der Glaube jedem glücklichen oder traurigen Ereignis einen Sinn.

Es liegt uns fern, zu meinen, „glauben" bedeute, einfache vertröstende Lösungen zu finden. Der Glaube, den Christus uns gelehrt hat, ist vielmehr der Glaube, den wir am heiligen Josef sehen, der nicht nach Abkürzungen sucht, sondern dem, was ihm widerfährt, „mit offenen Augen" begegnet, und persönlich Verantwortung übernimmt.

Die Annahmebereitschaft Josefs lädt uns ein, andere nicht auszuschließen, sondern sie so anzunehmen, wie sie sind, besonders die Schwachen, denn Gott erwählt das Schwache (vgl. *1 Kor* 1,27), er ist ein

---

[19] *Enchiridion de fide, spe et caritate*, 3,11: *PL* 40, 236.

»Vater der Waisen, ein Anwalt der Witwen« (*Ps* 68,6) und gebietet uns, die Fremden zu lieben.[20] Gerne stelle ich mir vor, dass die Haltung Josefs Jesus zum Gleichnis vom verlorenen Sohn und vom barmherzigen Vater inspiriert hat (vgl. *Lk* 15,11-32).

5. *Vater mit kreativem Mut*

Wenn auch die erste Stufe jeder echten inneren Heilung darin besteht, die eigene Geschichte anzunehmen, das heißt, dem in uns Raum zu schaffen, was wir uns in unserem Leben nicht selbst ausgesucht haben, braucht es dennoch eine weitere wichtige Eigenschaft: den kreativen Mut. Er entsteht vor allem dort, wo man auf Schwierigkeiten trifft. Wenn man vor einem Problem steht, kann man entweder aufhören und das Feld räumen, oder man kann es auf irgendeine Weise angehen. Manchmal sind es gerade die Schwierigkeiten, die bei jedem von uns Ressourcen zum Vorschein bringen, von denen wir nicht einmal dachten, dass wir sie besäßen.

Beim Lesen der „Kindheitsevangelien" stellt sich des Öfteren die Frage, warum Gott nicht direkt und klar eingeschritten ist. Aber Gott wirkt durch Ereignis-

---

[20] Vgl. *Dtn* 10,19; *Ex* 22,20-22; *Lk* 10,29-37.

se und Menschen. Josef ist der Mann, durch den Gott für die Anfänge der Erlösungsgeschichte Sorge trägt. Er ist das wahre „Wunder", durch das Gott das Kind und seine Mutter rettet. Der Himmel greift ein, indem er auf den kreativen Mut dieses Mannes vertraut, der, als er bei der Ankunft in Betlehem keinen Ort findet, wo Maria gebären kann, einen Stall herrichtet und so bereitet, dass er für den in die Welt kommenden Sohn Gottes ein möglichst behaglicher Ort wird (vgl. *Lk* 2,6-7). Angesichts der drohenden Gefahr des Herodes, der das Kind töten will, wird Josef im Traum erneut gewarnt, das Kind zu beschützen, und so organisiert er mitten in der Nacht die Flucht nach Ägypten (vgl. *Mt* 2,13-14).

Bei einer oberflächlichen Lektüre dieser Geschichten hat man immer den Eindruck, dass die Welt den Starken und Mächtigen ausgeliefert ist, aber die „gute Nachricht" des Evangeliums besteht darin zu zeigen, wie Gott trotz der Arroganz und Gewalt der irdischen Herrscher immer einen Weg findet, seinen Heilsplan zu verwirklichen. Auch unser Leben scheint manchmal starken Mächten ausgeliefert zu sein. Doch das Evangelium sagt uns, dass es Gott immer gelingt, das zu retten, worauf es ankommt, vorausgesetzt, dass wir den gleichen kreativen Mut aufbringen wie der Zimmermann von Nazaret. Er versteht es, ein Problem in eine Chance zu verwandeln, und zwar dadurch, dass er immer in erster Linie auf die Vorsehung vertraut.

Wenn Gott uns manchmal nicht zu helfen scheint, bedeutet das nicht, dass er uns im Stich gelassen hat, sondern dass er auf uns vertraut und auf das, was wir planen, entwickeln und finden können.

Hierbei handelt es sich um denselben kreativen Mut, den die Freunde des Gelähmten bewiesen, als sie ihn, um ihn zu Jesus zu bringen, vom Dach herabließen (vgl. *Lk* 5,17-26). Die Kühnheit und Hartnäckigkeit dieser Freunde war durch keine Schwierigkeit aufzuhalten. Sie waren überzeugt, dass Jesus den Kranken heilen konnte. »Weil es ihnen aber wegen der Volksmenge nicht möglich war, ihn hineinzubringen, stiegen sie aufs Dach und ließen ihn durch die Ziegel auf dem Bett hinunter in die Mitte vor Jesus hin. Als er ihren Glauben sah, sagte er: Mensch, deine Sünden sind dir vergeben« (V. 19-20). Jesus erkennt den einfallsreichen Glauben, mit dem diese Männer versuchen, ihren kranken Freund zu ihm zu bringen.

Das Evangelium gibt keine Auskunft über die Zeit, in der sich Maria und Josef und das Kind in Ägypten aufhielten. Sicherlich aber mussten sie essen, eine Bleibe und Arbeit finden. Es braucht nicht viel Phantasie, um das diesbezügliche Schweigen des Evangeliums zu füllen. Die Heilige Familie musste sich konkreten Problemen stellen wie alle anderen Familien, wie viele unserer Brüder und Schwestern Migranten, die auch heute noch aufgrund von Not und Hunger gezwungen sind, ihr Leben zu riskieren. In diesem Sinne glaube ich, dass der heilige Josef in der Tat ein besonderer Schutzpatron für all jene ist, die wegen Krieg, Hass, Verfolgung und Elend ihr Land verlassen müssen.

Am Ende aller Szenen, in denen Josef eine wichtige Rolle spielt, vermerkt das Evangelium, dass er aufsteht, das Kind und seine Mutter mit sich nimmt und das tut, was Gott ihm befohlen hat (vgl. *Mt* 1,24; 2,14.21). In der Tat sind Jesus und Maria, seine Mutter, der wertvollste Schatz unseres Glaubens.[21]

Im Heilsplan kann man den Sohn nicht von der Mutter trennen. Sie ging »den Pilgerweg des Glaubens. Ihre Vereinigung mit dem Sohn hielt sie in Treue bis zum Kreuz«.[22]

---

[21] Vgl. S. Rituum Congreg., *Quemadmodum Deus* (8. Dezember 1870): *ASS* 6 (1870-71), 193; Pius IX., Apostolisches Schreiben *Inclytum Patriarcham* (7. Juli 1871): *l.c.*, 324-327.

[22] Zweites Vatikanisches Ökumenisches Konzil, Dogmatische Konstitution *Lumen gentium*, 58.

Wir müssen uns immer fragen, ob wir Jesus und Maria, die auf geheimnisvolle Weise unserer Verantwortung, unserer Fürsorge, unserer Obhut anvertraut sind, mit all unseren Kräften behüten. Der Sohn des Allmächtigen kommt als schwaches Kind in die Welt. Er macht sich von Josef abhängig, um verteidigt, geschützt, gepflegt und erzogen zu werden. Gott vertraut diesem Mann, ebenso wie Maria, die in Josef denjenigen findet, der nicht nur ihr Leben retten will, sondern der immer für sie und das Kind sorgen wird. Deshalb ist es nur folgerichtig, dass der heilige Josef der Schutzpatron der Kirche ist, denn die Kirche ist die Ausdehnung des Leibes Christi in der Geschichte, und gleichzeitig ist in der Mutterschaft der Kirche die Mutterschaft Mariens angedeutet.[23] Indem Josef die Kirche beschützt, beschützt er weiterhin *das Kind und seine Mutter*, und indem wir die Kirche lieben, lieben auch wir immerfort *das Kind und seine Mutter*.

Eben dieses Kind wird einmal sagen: »Was ihr für einen meiner geringsten Brüder getan habt, das habt ihr mir getan« (*Mt* 25,40). So ist jeder Bedürftige, jeder Arme, jeder Leidende, jeder Sterbende,

[23] Vgl. *Katechismus der Katholischen Kirche*, 963-970.

jeder Fremde, jeder Gefangene, jeder Kranke „das Kind", das Josef weiterhin beschützt. Deshalb wird der heilige Josef als Beschützer der Elenden, der Bedürftigen, der Verbannten, der Bedrängten, der Armen und der Sterbenden angerufen. Und deshalb kann die Kirche nicht umhin, in besonderer Weise die Geringsten zu lieben, weil Jesus für sie eine Vorliebe hatte und sich persönlich mit ihnen identifizierte. Von Josef müssen wir die gleiche Fürsorge und Verantwortung lernen: das Kind und seine Mutter zu lieben; die Sakramente und die Nächstenliebe zu lieben; die Kirche und die Armen zu lieben. Jede dieser Wirklichkeiten ist immer *das Kind und seine Mutter.*

6. *Vater und Arbeiter*

Ein Aspekt, der den heiligen Josef auszeichnet und der seit der Zeit der ersten Sozialenzyklika *Rerum novarum* von Leo XIII. hervorgehoben wurde, ist sein Bezug zur Arbeit. Der heilige Josef war ein Zimmermann, der ehrlich arbeitete, um den Lebensunterhalt seiner Familie zu sichern. Von ihm lernte Jesus, welch ein Wert, welch eine Würde und welch eine Freude es bedeutet, das Brot zu essen, das die Frucht eigener Arbeit ist.

In dieser unserer Zeit, in der die Arbeit wieder zu einem dringenden sozialen Thema geworden zu sein scheint und die Arbeitslosigkeit manchmal drastische Ausmaße annimmt – auch in Ländern, in denen seit Jahrzehnten ein gewisser Wohlstand herrscht –, ist es notwendig, die Bedeutung einer Arbeit, die Würde verleiht, wieder ganz neu verstehen zu lernen. Unser Heiliger ist dafür Vorbild und Schutzpatron.

Die Arbeit wird zur Teilnahme am Erlösungswerk selbst, sie wird zu einer Gelegenheit, das Kommen des Reiches Gottes zu beschleunigen, die eigenen Möglichkeiten und Fähigkeiten weiterzuentwickeln und sie in den Dienst der Gesellschaft und der Gemeinschaft zu stellen; die Arbeit wird nicht nur zu einer Gelegenheit der eigenen Verwirklichung, sondern vor allem auch für den ursprünglichen Kern der Gesellschaft, die Familie. Eine von Arbeitslosigkeit betroffene Familie ist Schwierigkeiten, Spannungen, Brüchen, ja der verzweifelten und weiter in die Verzweiflung führenden Versuchung der Auflösung stärker ausgesetzt. Wie können wir über die Menschenwürde sprechen, ohne uns dafür einzusetzen, dass alle und jeder Einzelne eine Chance auf einen würdigen Lebensunterhalt haben?

Der Mensch, der arbeitet, egal welcher Aufgabe er nachgeht, arbeitet mit Gott selbst zusammen und wird ein wenig zu einem Schöpfer der Welt, die uns umgibt. Die Krise unserer Zeit, die eine wirtschaftliche, soziale, kulturelle und geistliche Krise ist, mag allen ein Aufruf sein, den Wert, die Bedeutung und die Notwendigkeit der Arbeit wieder neu zu entdecken, um eine neue „Normalität" zu begründen, in der niemand ausgeschlossen ist. Die Arbeit des heiligen Josef erinnert uns daran, dass der menschgewordene Gott selbst die Arbeit nicht verschmähte. Die Arbeitslosigkeit, von der viele Brüder und Schwestern betroffen sind und die in jüngster Zeit aufgrund der Covid-19-Pandemie zugenommen hat, muss zum Anlass werden, unsere Prioritäten zu überprüfen. Bitten wir den heiligen Josef, den Arbeiter, dass wir einmal verbindlich sagen können: Kein junger Mensch, keine Person, keine Familie ohne Arbeit!

7. *Vater im Schatten*

In seinem Buch *Der Schatten des Vaters* erzählte der polnische Schriftsteller Jan Dobraczyński[24] in Romanform das Leben des heiligen Josef. Mit

---

[24] Originalausgabe: *Cień Ojca*, Warschau 1977.

dem eindrucksvollen Bild des Schattens umreißt er die Gestalt Josefs, der in Bezug auf Jesus der irdische Schatten des himmlischen Vaters ist. Er behütet und beschützt ihn, er weicht nicht von ihm und folgt seinen Schritten. Denken wir an das, was Mose dem Volk Israel in Erinnerung ruft: »In der Wüste [...] hat der Herr, dein Gott, dich auf dem ganzen Weg [...] getragen, wie ein Mann sein Kind trägt« (*Dtn* 1,31). So hat Josef sein ganzes Leben lang die Vaterschaft ausgeübt.[25]

Als Vater wird man nicht geboren, Vater wird man. Und man wird zum Vater nicht einfach dadurch, dass man ein Kind in die Welt setzt, sondern dadurch, dass man sich verantwortungsvoll um es kümmert. Jedes Mal, wenn jemand die Verantwortung für das Leben eines anderen übernimmt, übt er ihm gegenüber in einem gewissem Sinne Vaterschaft aus.

In der Gesellschaft unserer Zeit scheinen die Kinder oft vaterlos zu sein. Auch die Kirche von heute braucht Väter. Die Mahnung, die der heilige Paulus an die Korinther richtet, bleibt immer ak-

---

[25] Vgl. JOHANNES PAUL II., Apostolisches Schreiben *Redemptoris custos*, 7-8: *AAS* 82 (1990), 12-16.

tuell: »Hättet ihr nämlich auch unzählige Erzieher in Christus, so doch nicht viele Väter« (*1 Kor* 4,15); und jeder Priester oder Bischof sollte wie der Apostel hinzufügen können: »In Christus Jesus habe ich euch durch das Evangelium gezeugt« (*ebd.*). Und zu den Galatern sagt Paulus: »Meine Kinder, für die ich von Neuem Geburtswehen erleide, bis Christus in euch Gestalt annimmt« (4,19).

Vater zu sein bedeutet, das Kind an die Erfahrung des Lebens, an die Wirklichkeit heranzuführen. Nicht, um es festzuhalten, nicht, um es einzusperren, nicht, um es zu besitzen, sondern um es zu Entscheidungen, zur Freiheit, zum Aufbruch zu befähigen. Vielleicht aus diesem Grund spricht die Tradition Josef nicht nur als Vater an, sondern fügt hier noch das Wort „keusch" hinzu. Dies ist nicht eine rein affektive Angabe, sondern drückt eine Haltung aus, die man als das Gegenteil von „besitzergreifend" bezeichnen könnte. Keuschheit ist die Freiheit von Besitz in allen Lebensbereichen. Nur wenn eine Liebe keusch ist, ist sie wirklich Liebe. Die Liebe, die besitzen will, wird am Ende immer gefährlich, sie nimmt gefangen, erstickt und macht unglücklich. Gott selbst hat den Menschen mit keuscher Liebe geliebt und ihm die Freiheit gelassen,

Fehler zu machen und sich gegen ihn zu stellen. Die Logik der Liebe ist immer eine Logik der Freiheit, und Josef war in der Lage, in außerordentlicher Freiheit zu lieben. Er hat sich nie selbst in den Mittelpunkt gestellt. Er verstand es, zur Seite zu treten und Maria und Jesus zur Mitte seines Lebens zu machen.

Josefs Glück gründet sich nicht auf die Logik der Selbstaufopferung, sondern der Selbsthingabe. Man nimmt bei diesem Mann nie Frustration wahr, sondern nur Vertrauen. Sein beharrliches Schweigen ist nicht Ausdruck der Klage, sondern immer konkreten Vertrauens. Die Welt braucht Väter, Despoten aber lehnt sie ab, also diejenigen, die besitzergreifend sind, um ihre eigene Leere zu füllen; sie lehnt die ab, die Autorität mit Autoritarismus verwechseln, Dienst mit Unterwürfigkeit, Auseinandersetzung mit Unterdrückung, Nächstenliebe mit übertriebener Fürsorge, Stärke mit Zerstörung. Jede wahre Berufung kommt aus der Selbsthingabe, die die reifere Form des bloßen Opfers ist. Auch im Priestertum und im geweihten Leben ist diese Art von Reife erforderlich. Dort, wo eine eheliche, zölibatäre oder jungfräuliche Berufung nicht die Reife der Selbsthingabe erreicht und allein bei der Logik des Opfers stehen bleibt, wird sie kaum zu einem Zeichen für die Schönheit und die Freude der Liebe werden, sondern womöglich den Eindruck von Unglück, Traurigkeit und Frustration erwecken.

Eine Vaterschaft, die der Versuchung widersteht, das Leben der Kinder zu leben, eröffnet immer neue Räume. Jedes Kind trägt ein Geheimnis in sich, etwas noch nie Dagewesenes, das nur mit Hilfe eines Vaters zur Entfaltung gebracht werden kann, der seine Freiheit respektiert; eines Vaters, der sich bewusst ist, dass sein erzieherisches Handeln erst dann zum Ziel kommt und dass er erst dann sein Vatersein ganz lebt, wenn er sich „nutzlos" gemacht hat, wenn er sieht, dass das Kind selbständig wird und allein auf den Pfaden des Lebens geht, wenn er sich in die Situation Josefs versetzt, der immer gewusst hat, dass das Kind nicht seines war, sondern einfach seiner Obhut anvertraut worden war. Im Grunde ist es das, was Jesus zu verstehen gibt, wenn er sagt: »Auch sollt ihr niemanden auf Erden euren Vater nennen; denn nur einer ist euer Vater, der im Himmel« (*Mt* 23,9).

Unter allen Umständen müssen wir bei der Ausübung von Vaterschaft immer darauf achten, dass sie nie besitzergreifend ist, sondern zeichenhaft auf eine höhere Vaterschaft verweist. In gewisser Weise sind wir alle immer in Josefs Lage: Wir sind „Schatten" des einen Vaters im Himmel, der seine Sonne aufgehen lässt über Bösen und Guten und regnen lässt über Gerechte und Ungerechte (vgl. *Mt* 5,45); und wir sind „Schatten" in der Nachfolge des Sohnes.

***

»Steh auf, nimm das Kind und seine Mutter« (*Mt* 2,13), sagt Gott zum heiligen Josef.

Ziel dieses Apostolischen Schreibens ist es, die Liebe zu diesem großen Heiligen zu fördern und einen Anstoß zu geben, ihn um seine Fürsprache anzurufen und seine Tugenden und seine Tatkraft nachzuahmen.

In der Tat besteht die spezifische Sendung der Heiligen nicht nur darin, Wunder und Gnaden zu gewähren, sondern bei Gott Fürsprache für uns einzulegen, wie es Abraham[26] und Moses[27] taten und wie es Jesus tut, der eine Mittler (vgl. *1 Tim* 2,5), der bei Gott unser »Beistand« ist (*1 Joh* 2,1), denn »er lebt al-

---

[26] Vgl. *Gen* 18,23-32.
[27] Vgl. *Ex* 17,8-13; 32,30-35.

34

lezeit, um für [uns] einzutreten« (*Hebr* 7,25; vgl. *Röm* 8,34).

Die Heiligen helfen allen Gläubigen bei ihrem »Streben nach Heiligkeit und ihrem Stand entsprechender Vollkommenheit«.[28] Ihr Leben ist ein konkreter Beweis dafür, dass es möglich ist, das Evangelium zu leben.

Jesus hat gesagt: »Lernt von mir; denn ich bin gütig und von Herzen demütig« (*Mt* 11,29); auch die Heiligen sind auf ihre Weise nachahmenswerte Vorbilder für das Leben. Der heilige Paulus ermahnte ausdrücklich dazu: »Haltet euch an mein Vorbild!« (*1 Kor* 4,16).[29] Der heilige Josef sagt dies durch sein beredtes Schweigen.

Angesichts des Beispiels so vieler heiliger Männer und Frauen fragte sich der heilige Augustinus: »Du solltest es nicht vermögen wie diese Männer, diese Frauen?« Und so gelangte er zur endgültigen Bekehrung und rief aus: »Spät hab ich dich geliebt, du Schönheit, ewig alt und ewig neu«.[30]

---

[28] ZWEITES VATIKANISCHES ÖKUMENISCHES KONZIL, Dogmatische Konstitution *Lumen gentium*, 42.

[29] Vgl. *1 Kor* 11,1; *Phil* 3,17; *1 Thess* 1,6.

[30] *Confessiones*, 8, 11,27: *PL* 32, 761; 10, 27,38: *PL* 32,795.

So wollen wir nun vom heiligen Josef die Gnade aller Gnaden erflehen – unsere Bekehrung.

Zu ihm lasst uns beten:

Sei gegrüßt, du Beschützer des Erlösers
und Bräutigam der Jungfrau Maria.
Dir hat Gott seinen Sohn anvertraut,
auf dich setzte Maria ihr Vertrauen,
bei dir ist Christus zum Mann herangewachsen.
O heiliger Josef, erweise dich auch uns als Vater,
und führe uns auf unserem Lebensweg.
Erwirke uns Gnade, Barmherzigkeit und Mut,
und beschütze uns vor allem Bösen. Amen.

Gegeben zu Rom, bei St. Johannes im Lateran, am 8. Dezember, dem Hochfest der ohne Erbsünde empfangenen Jungfrau und Gottesmutter Maria, im Jahr 2020, dem achten meines Pontifikats.

Franciscus

Jahr des heiligen Josef

DEKRET

Gewährung besonderer Ablässe anlässlich des von Papst Franziskus ausgerufenen Jubiläumsjahres zu Ehren des heiligen Josef zur Feier des 150. Jahrtages seiner Erhebung zum Schutzpatron der ganzen Kirche.

Heute sind es 150 Jahre, dass der selige Pius IX. unter dem Eindruck der schweren und traurigen Umstände einer den Nachstellungen der Feinde ausgesetzten Kirche durch das Dekret „Quemadmodum Deus" den heiligen Josef zum Schutzpatron der ganzen Kirche erklärt hat.

Um das Vertrauen der ganzen Kirche auf das einzigartige Patronat des Beschützers des Jesuskindes zu erneuern, hat Papst Franziskus verfügt, dass vom heutigen Tag an, dem Jahrestag des vorgenannten Dekrets wie auch dem Ehrentag der unbefleckt empfangenen seligen Jungfrau Maria und Braut des keuschen Josef, bis zum 8. Dezember 2021 ein besonderes Jahr begangen werden soll, in dem alle Christgläubigen auf sein Beispiel hin täglich ihr Glaubensleben in voller Erfüllung des Willens Gottes intensivieren können.

Alle Christgläubigen mögen so mit der Hilfe des heiligen Josef, des Beschützers der Heiligen Familie von Nazaret, durch Gebet und gute Werke sich eifrig um Trost und Linderung der schweren Bedrängnisse der Menschheit in unserer Zeit bemühen.

Die Verehrung des Beschützers des Erlösers ist in der Geschichte der Kirche immer mehr gewachsen. Sie erweist ihm nicht nur einen hohen Kult, der nur von dem der Gottesmutter, seiner Braut, übertroffen wird, sondern hat ihm auch das Patronat für zahlreiche Anliegen übertragen.

Das Lehramt der Kirche findet weiterhin wie in einem Schatz alte und neue Kostbarkeiten an der Person des heiligen Josef, wie bei einem Hausherrn, „der aus seinem Schatz Neues und Altes hervorholt" (*Mt* 13,52).

Um dieses sehr erstrebenswerte Ziel zu erreichen, wird das Geschenk der heiligen Ablässe besonders helfen, welche die Apostolische Pönitentiarie durch vorliegendes, entsprechend den Vorgaben von Papst Franziskus erlassenes Dekret während des ganzen Josefsjahres gern weit zugänglich macht.

Der vollkommene Ablass wird unter den gewöhnlichen Bedingungen (nämlich der sakramentalen Beichte, der eucharistischen Kommunion und dem Gebet nach Meinung des Papstes) allen Christgläubigen gewährt, die frei von jeder Anhänglichkeit an die Sünde am Jahr des heiligen Josef unter den Umständen und in den Weisen, die von der Apostolischen Pönitentiarie festgelegt sind, teilnehmen:

a. Der heilige Josef ermutigt uns als wahrer Mann des Glaubens, zur kindlichen Beziehung mit dem Vater zurückzufinden, unsere Treue zum Gebet zu erneuern, auf den Willen Gottes zu hören und ihm nach gründlicher Entscheidung zu entsprechen. Somit wird ein vollkommener Ablass allen gewährt, die für mindestens eine halbe Stunde das Gebet des Herrn betrachten oder an einer Einkehrzeit von mindestens einem Tag teilnehmen, die eine Betrachtung über den heiligen Josef einschließt.

b. Im Evangelium wird der heilige Josef als „gerechter Mann" (*Mt* 1,19) bezeichnet: Als Hüter des „Innersten, das im Tiefsten des Herzens und der Seele sich verbirgt",[1] als Teilhaber am Geheimnis Gottes und daher als ausgezeichneter Patron des Forum internum treibt er uns dazu an, den Wert der Stille, der Klugheit und der Rechtschaffenheit in der Erfüllung unserer Pflichten wiederzuentdecken. Die vom heiligen Josef auf vorbildliche Weise ausgeübte Tugend der Gerechtigkeit ist die volle Annahme des göttlichen Gesetzes, des Gesetzes der

---

[1] PIUS XI., *Ansprache anlässlich der Erklärung des heroischen Tugendgrades der Dienerin Gottes Emilia de Vialar*, in *L'Osservatore Romano*, Jahrgang LXXV, Nr. 67, 20./21. März 1935, 1.

Barmherzigkeit, „denn gerade die Barmherzigkeit Gottes bringt die wahre Gerechtigkeit zur Erfüllung".[2] Daher können diejenigen, die nach dem Vorbild des heiligen Josef ein Werk leiblicher oder geistiger Barmherzigkeit vollbringen, ebenso das Geschenk eines vollkommenen Ablasses erlangen.

c. Ein herausragendes Merkmal der Berufung des heiligen Josef war es, Beschützer der Heiligen Familie von Nazaret, Bräutigam der seligen Jungfrau Maria und Nährvater Jesu zu sein. Damit alle christlichen Familien angespornt werden, das Vorbild der Gemeinschaft, der Liebe und des Gebets aufzugreifen, die in der Heiligen Familie zur Gänze gelebt wurden, wird ein vollkommener Ablass den Gläubigen gewährt, die den Rosenkranz in den Familien und unter Verlobten beten.

d. Der Diener Gottes Pius XII. hat am 1. Mai 1955 das Fest des heiligen Josef des Arbeiters eingeführt mit der Absicht, dass „von allen die Würde der Arbeit anerkannt wird und dass diese das soziale Leben und die Gesetze leite, die auf der gerechten Verteilung der Rechte und Pflichten gründen".[3] Es kann daher derjenige einen vollkommenen Ablass gewinnen, der seine Tätigkeit täg-

---

[2] FRANZISKUS, *Generalaudienz* (3. Februar 2016).

[3] PIUS XII., *Ansprache anlässlich des Festes des heiligen Josef des Arbeiters* (1. Mai 1955), in *Discorsi e Radiomessaggi di Sua Santità Pio XII*, XVII, 71-76.

lich dem Schutz des heiligen Josef anvertraut, wie auch
jeder Gläubige, der im Gebet die Fürsprache des heiligen
Josef des Arbeiters anruft, auf dass die Arbeitssuchen-
den einen Arbeitsplatz finden und die Arbeitsbedingun-
gen aller würdiger seien.

e. Die Flucht der Heiligen Familie nach Ägypten
zeigt uns, „dass Gott dort ist, wo der Mensch in Gefahr
ist, wo der Mensch leidet, wo er flüchtet, wo er Ableh-
nung und Verlassenheit erfährt".[4] So wird ein vollkommener Ablass den Gläubigen gewährt, die die Litanei des
heiligen Josef (für die lateinische Tradition) oder den
Akathistos zum heiligen Josef vollständig oder zumin-
dest teilweise (für die byzantinische Tradition) oder ein
anderes besonderes Gebet aus den übrigen liturgischen
Traditionen für die *ad intra* und *ad extra* verfolgte Kirche
und zur Unterstützung der vielfältig verfolgten Christen
beten.

Die heilige Theresia von Jesus hat den heiligen Josef als Patron für alle Lebenslagen erkannt: „Einigen
Heiligen scheint Gott die Gnade gegeben zu haben, uns
in dieser oder jener Not zu helfen, während ich erfahren habe, dass der glorreiche heilige Josef sein Patronat
auf alle Bedürfnisse erstreckt".[5] In jüngerer Zeit hat der

---

[4] Franziskus, *Angelus* (29. Dezember 2013).
[5] Theresia von Avila, *Das Buch meines Lebens*, VI, 6.

heilige Johannes Paul II. erneut herausgestellt, dass das Vorbild des heiligen Josef „in Bezug auf das neue christliche Jahrtausend eine erneuerte Aktualität für die Kirche unserer Zeit"[6] gewinnt.

Um nochmals das universale Patronat des heiligen Josef für die Kirche zu bestätigen, gewährt diese Apostolische Pönitentiarie über die genannten Möglichkeiten hinaus den Christgläubigen einen vollkommenen Ablass, die ein rechtmäßig approbiertes Gebet oder einen Akt der Verehrung zum heiligen Josef verrichten – zum Beispiel das Gebet „Zu dir, heiliger Josef" –, insbesondere am 19. März und am 1. Mai, am Festtag der Heiligen Familie, am Josefssonntag (für die byzantinische Tradition), am 19. jedes Monats und jeweils am Mittwoch, der im lateinischen Ritus dem Gedenken des Heiligen gewidmet ist.

In der gegenwärtigen Bedrohung der öffentlichen Gesundheit wird das Geschenk des *vollkommenen Ablasses* insbesondere den älteren Menschen, den Kranken und den Sterbenden gewährt, ebenso allen, die aus gerechtfertigten Gründen das Haus nicht verlassen können, wenn sie – jegliche Sünde verabscheuend und mit dem Vorsatz, sobald wie möglich die drei üblichen Bedingungen zu erfüllen – zu Hause oder an einem anderen Ort,

---

[6] JOHANNES PAUL II., Apostolisches Schreiben *Redemptoris custos* über Gestalt und Sendung des heiligen Josef im Leben Christi und der Kirche (15. August 1989), 32.

von dem sie sich nicht bewegen können, andächtige Gebete zu Ehren des heiligen Josef, des Trostes der Kranken und des Patrons eines guten Todes, sprechen. Dabei sollen sie die Schmerzen und Beschwerden ihres Lebens dem barmherzigen Gott vertrauensvoll aufopfern.

Damit aber der Zugang zur göttlichen Gnade, die durch die Schlüsselgewalt der Kirche vermittelt wird, pastoral erleichtert wird, bittet diese Pönitentiarie nachdrücklich darum, dass alle Priester, die mit den entsprechenden Fakultäten ausgestattet sind, bereitwillig und großzügig sich für die Feier des Sakramentes der Versöhnung zur Verfügung stellen und die heilige Kommunion den Kranken oft spenden.

Das vorliegende Dekret ist gültig für das Jahr des heiligen Josef, ungeachtet gegenteiliger Bestimmungen.

Gegeben zu Rom, beim Sitz der Apostolischen Pönitentiarie, am 8. Dezember 2020.

Mauro Card. Piacenza
Großpönitentiar

Krzysztof Nykiel
Regent

L. + S.
Prot. n. 866/20/I

Der heilige Josef und die Päpste

In der Bibel finden sich nur knappe Bemerkungen über Josef, den Bräutigam Marias und rechtlichen Vater Jesu. Während diese Texte auf den ersten Blick lückenhaft zu sein scheinen, gibt es eine reiche apokryphe Literatur in Bezug auf seine Gestalt, darunter insbesondere das Protoevangelium des Jakobus. Offensichtlicher Grund sind die spärlichen Informationen in den kanonischen Schriften.

Im päpstlichen Lehramt bis 1800 sind nur wenige Äußerungen über den heiligen Josef enthalten. Diese beziehen sich vor allem auf die liturgische Verehrung und das Datum seines Festes im liturgischen Kalender. Das gilt für Papst Sixtus IV., der 1479 das Fest des Heiligen unter dem Datum des 19. März in das Brevier und das Missale Romanum aufnahm. Gregor XV. legte dann 1621 fest, dass das Fest des heiligen Josef ein gebotener Festtag sein sollte. Erst bei Pius IX. finden sich ausführlichere Äußerungen zu diesem Heiligen, was dann für fast alle nachfolgenden Päpste bis hin zu Franziskus gilt, der sein Petrusamt genau an dem Tag begonnen hat, an dem die Kirche das Hochfest des heiligen Josef begeht.

Pius IX. (1846-1878)

Schon zu Beginn seines Pontifikats hatte Pius IX. für die ganze Christenheit das Patrozinium (Schutzfest) des heiligen Josef eingesetzt und angeordnet, dass dasselbe jährlich am dritten Sonntag nach Ostern gefeiert werde. Außerdem trug er mit einigen Dokumenten zu einer stark ansteigenden Verehrung des Heiligen bei. In insgesamt sechs lehramtlichen Schreiben sprach er über den heiligen Josef. Am bekanntesten ist sicherlich das auf den 8. Dezember 1870 datierte Dekret *Quemadmodum Deus*[1] der Ritenkongregation, mit dem er den Bräutigam Marias zum Schutzpatron der ganzen Kirche proklamierte.[2]

[1] *ASS* 6 (1870-1871), 193-194.

[2] Bei den anderen fünf Dokumenten handelt es sich um folgende: das Dekret der Ritenkongregation *Inclytus Patriarcha Joseph* (10. September 1847), mit dem das Fest des Patroziniums des heiligen Josef in der ganzen Kirche eingeführt wurde; das Apostolische Schreiben *Iam alias* (5. Juli 1861), das allen Gäubigen einen vollkommenen Ablass verlieh, die die fortwährende Verehrung des heiligen Josef pflegten; das Dekret *Cum in* (27. April 1865), das für die besondere Verehrung des Heiligen im Monat März weitere Ablässe verlieh; das Dekret *Inclytum Patriarcham* (7. Juli 1871), mit dem dem heiligen Josef eine höhere Verehrung als anderen Heiligen zugesprochen wurde; schließlich das Dekret *Iam alias* (4. Februar 1877) der Kongregation für Ablässe und Reliquien, mit dem das Gebet *Virginum custos* approbiert und mit Ablässen versehen wurde. Vgl. G. A. MATTANZA, *San Giuseppe, capo della Santa Famiglia, nel magistero pontificio da Pio IX ai nostri giorni. L'importanza di San Giuseppe per la figura del padre di famiglia*, Biblioteca Teologica 15, Eupress FTL – Ed. Cantagalli, Lugano – Siena 2019, 142-180. Die Studien von Don Giuseppe Attilio Mattanza waren für diesen Exkurs sehr hilfreich und wir verweisen zur weiteren Vertiefung auf sie.

Es handelt sich um ein sehr kurzes Dokument, das den ersten bedeutsamen Schritt des päpstlichen Lehramts über den heiligen Josef darstellt und das in einem ebenso bedeutsamen wie tragischen Moment der Kirchengeschichte und Italiens veröffentlicht wurde: nach der Einnahme Roms, der Unterbrechung des Ersten Vatikanischen Konzils und dem Ende der weltlichen Macht der Päpste. Damals entschied der Papst, die Weltkirche dem Schutz des Nährvaters des Herrn anzuvertrauen:

> Jetzt, da in diesen sehr traurigen Zeiten selbst die Kirche auf allen Seiten von Feinden angegriffen wird und sie von schwersten Übeln so sehr bedrückt wird, [...] hat Unser Heiliger Vater Papst Pius IX., bestürzt über die kürzliche bedauernswerte Entwicklung der Dinge, um sich selbst und alle Gläubigen dem äußerst mächtigen Schutz des heiligen Patriarchen Josef anzuvertrauen, [...] diesen zum Schutzpatron der katholischen Kirche erklärt.[3]

Mit dem Apostolischen Schreiben *Patris corde* wollte Papst Franziskus aus Anlass des 150. Jahrestages dieser Erklärung Pius' IX. „einige persönliche Überlegungen zu dieser außergewöhnlichen Gestalt mit euch teilen, die einem jeden von uns menschlich so nahe ist".[4]

---

[3] *ASS* 6 (1870-1871), 193.
[4] FRANZISKUS, Apostolisches Schreiben *Patris corde*, 8. Dezember 2020.

Leo XIII. (1878-1903)

Gleich nach seiner Wahl stellte der Papst in seiner Predigt an die zum Konklave versammelten Kardinäle sein Pontifikat unter den „äußerst machtvollen" Schutz des heiligen Josef. Im Lauf seines Pontifikats verfasste er insgesamt sechzehn Dokumente über den Heiligen.[5] Darunter die einzige Enzyklika, die je von einem Papst dem Heiligen gewidmet wurde. In dieser – *Quamquam pluries* (15. August 1889) – legte Leo XIII. die gesamte Lehre über den heiligen Josef dar und rief ihn als mächtigen Fürsprecher gegen die Widrigkeiten der damaligen Zeit an. Die Enzyklika schloss mit dem berühmten Gebet *Ad te, beate Ioseph*: *Bei dir, heiliger Josef, suchen wir Zuflucht.* Es sollte im Monat Oktober im Anschluss an den Rosenkranz gebetet werden. In der Enzyklika heißt es: „Diese Anordnung gilt für alle Zeiten, Jahr für Jahr. Jenen, die das genannte Gebet mit Andacht verrichten, gewähren Wir jedes Mal einen Ablass von sieben Jahren und sieben Quadragenen." In diesem Gebet wird der Schutz des Heiligen für die Kirche erfleht, für die Kirche als Bild seiner Braut, Maria, mit der ihn der heilige Bund der Ehe verband. Josef ist Schutzherr und Beschützer der ganzen Kirche, weil er – so wie Maria, die Mutter des Herrn, die geistliche Mutter aller Christen ist – sich aller Christgläu-

<hr>

[5] Vgl. MATTANZA, *San Giuseppe, capo della Santa Famiglia, nel magistero pontificio da Pio IX ai nostri giorni*, a.a.O., 191-231.

bigen annimmt, die ihm den Worten des Gebets zufolge anvertraut sind: „Du hast in treuer Sorge gewacht über die heilige Familie; schütze nun auch die auserwählten Kinder Jesu Christi." Der Papst förderte ebenso die Andacht zu Ehren des Heiligen im Monat März. Die Enzyklika ist auch heute noch das wichtigste und nach *Redemptoris custos*[6] von Johannes Paul II. das ausführlichste Dokument zu Ehren des Nährvaters Jesu.

Pius X. (1903-1914)

Obwohl er auf den Namen Josef getauft war, trat Pius X. nicht durch die Veröffentlichung von wichtigen Dokumenten über den heiligen Josef hervor. Andererseits förderte er durch sein Lehramt die Verehrung des Heiligen: Mit dem Dekret *Inclytum Patriarcham*[7] (18. März 1909) der Ritenkongregation approbierte er die Litanei zu Ehren des heiligen Josef. Er ließ sie in die liturgischen Bücher aufnehmen und versah sie mit Ablässen.[8] Vor dieser Zeit war vor allem die 1597 von einem Karmeliten namens Girolamo Graziano della Madre di Dio verfasste

---

[6] *AAS* 82 (1990), 5-34.

[7] *AAS* 1 (1909), 290.

[8] Weiter ist an ein Dokument vom 24. Juli 1911 zu erinnern. Mit dem Dekret *De diebus festis* legte Pius X. fest: Wenn das Fest des 19. März in die Fastenzeit fällt, soll es ohne Oktav begangen werden, während das Fest des Patroziniums am dritten Sonntag nach Ostern feierlich mit einer Oktav begangen werden soll.

Josefslitanei bekannt. Es folgten dann verschiedene andere. Pius X. kam dann schließlich die Aufgabe einer Zusammenfassung zu, um die Titel zu ordnen, mit denen der heilige Josef in der öffentlichen und privaten Verehrung angerufen werden sollte. All dies in Kontinuität zu seinen Vorgängern Pius IX. und Leo XIII.

Benedikt XV. (1914-1922)

Über den heiligen Josef sprach er in mindestens sieben Dokumenten, in denen er sich zu liturgischen Aspekten und zu Aspekten der Verehrung äußerte. Das wichtigste war das Motu proprio *Bonum sane*[9] (25. Juli 1920) aus Anlass des 50. Jubiläums der Erklärung des heiligen Josef zum Schutzpatron der Kirche. Der Papst pries seine mächtige und wirksame Fürsprache gegen die Übel und Probleme der Nachkriegszeit und zeigte in ihm ein nachzuahmendes Vorbild der Tugenden auf. Obwohl das Dokument mit dem Lehramt der Vorgänger übereinstimmt, enthält es etwas Neues, das hervorzuheben ist: Der Papst vertieft die Ekklesiologie in Bezug auf den heiligen Josef und geht so weit — es ist das erste Mal, dass dies explizit geschieht —, den rechtlichen Vater Jesu als bevorzugten Weg zu Christus aufzuzeigen, und zwar über Maria als Mittlerin:

[9] *AAS* 12 (1920), 313-317.

Durch Josef gehen wir direkt zu Maria und durch Maria zum Ursprung jeder Heiligkeit, zu Jesus, der die häuslichen Tugenden durch seinen Gehorsam gegenüber Josef und Maria geheiligt hat. Wir wünschen also, dass die christlichen Familien sich an diesen wundervollen Vorbildern der Tugend inspirieren mögen und ihnen nacheifern. Da die Familie der Höhepunkt und die Grundlage des menschlichen Zusammenlebens ist, wird so, indem die Hausgemeinschaft durch das Vorherrschen der heiligen Reinheit, Eintracht und Treue gestärkt wird, neue Kraft – und Wir würden fast sagen neues Blut – in den Adern der menschlichen Gesellschaft kreisen, durch das Wirken der Kraft Christi. Und das wird nicht nur eine Besserung der Sittlichkeit im privaten Bereich zur Folge haben, sondern auch eine Besserung der Disziplin des gemeinschaftlichen und zivilen Lebens.[10]

Pius XI. (1922-1939)

In seinem Lehramt finden wir kein eigenes Dokument, aber mindestens 15 Ansprachen, 2 Predigten und 3 Enzykliken, denen wir seine Lehre über die Gestalt des heiligen Josef entnehmen können. Insgesamt gut zwanzig kurze Katechesen, fast alle aus Anlass des Josefsfestes

---

[10] BENEDIKT XV., Motu proprio *Bonum sane* (25. Juli 1920): *AAS* 12 (1920), 316.

am 19. März.[11] Ihnen ist zu entnehmen, dass der heilige Josef am Geheimnis der Menschwerdung und der Erlösung des Menschengeschlechts mitgewirkt hat, wenn auch in anderer Weise als Maria.

Der heilige Josef hatte das einzigartige Privileg und die unvergleichliche Verantwortung, von der göttlichen Vorsehung berufen zu sein, einen zweifachen Schatz zu hüten: einen Schatz der Göttlichkeit in der Person Jesu Christi, einen Schatz der Reinheit in der Jungfräulichkeit der Gottesmutter Maria, einen Schatz, ein göttliches Geheimnis, das den anderen bisher verborgen war, das Geheimnis der Fleischwerdung des göttlichen Wortes, des Lebens, Leidens und Todes des Erlösers. Der Größe dieser Aufgabe und Verantwortung entsprach der gebenedeite heilige Josef in seiner Demut, in seiner Sorgfalt, in seinem Schweigen, indem er unter den Menschen weilte und auf wirklich wunderbare und unvergleichliche Weise den Willen des Herrn erfüllte.[12]

Pius XII. (1939-1958)

Auch Pius XII. hat dem heiligen Josef kein besonderes Dokument gewidmet. Allerdings kann man seine

[11] Vgl. MATTANZA, *San Giuseppe, capo della Santa Famiglia, nel magistero pontificio da Pio IX ai nostri giorni*, a.a.O., 307-347.

[12] PIUS XI., *Ansprache* an die katholischen Männer Roms (19. März 1929), in D. BERTETTO (Hg.), *Discorsi di Pio XI*, Bd. 2, Libreria Editrice Vaticana, Vatikanstadt 1985, 41-42.

Lehre über ihn in den zahlreichen Ansprachen an Ehepaare sowie in den Texten zu den Themen Ehe, Familie und Kindererziehung finden. Darunter haben zwei eine besondere Bedeutung. Zum einen die Ansprache vom 29. Juni 1948 an die Christlichen Arbeitervereinigungen Italiens (ACLI), in der er auf den heiligen Josef als Patron der Arbeiter hinwies:

> Es war im März 1945, als Wir die Vertreter der entstehenden ACLI begrüßten: ein Tag großer Hoffnung, aber auch fast nur der Hoffnung. Eure Vereinigung machte aufrichtig und vertrauensvoll die ersten Schritte. Aber der Weg war weit und das Ziel lag in weiter Ferne. Wenn Wir heute eure große Schar betrachten, müssen Wir anerkennen, dass der Segen des Herrn, den Wir auf euer Werk herabgerufen haben, mächtig war und dass der himmlische Patron, den Wir euch damals gaben, der heilige Josef, der treue und gerechte Mann, der Arbeiter par excellence, euch wunderbar behütet hat.[13]

Und zum anderen die Ansprache vom 1. Mai 1955 aus Anlass des 10-jährigen Bestehens der ACLI, mit der er das liturgische Fest des heiligen Josef, des Arbeiters, einführte:

---

[13] Pius XII., *Ansprache* an zahlreiche Pilger der ACLI (29. Juni 1948), in *Atti e Discorsi di Pio XII*, X (1948), Pia Società San Paolo, Rom 1949, 164.

Von Anfang an haben Wir eure Vereinigungen unter
den mächtigen Schutz des heiligen Josef gestellt. Denn
es könnte keinen besseren Schutzpatron geben, um
euch zu helfen, euer Leben vom Geist des Evangeliums
durchdringen zu lassen. Wie Wir damals sagten, strömt
dieser Geist aus dem Herzen des Gottmenschen, des
Erlösers der Welt, auf euch und alle Menschen über.
Aber sicher ist auch, dass kein Arbeiter je so tief und
vollkommen von ihm durchdrungen war, wie der
Nährvater Jesu, der mit Ihm in engster Vertrautheit in
der Gemeinschaft der Familie und der gemeinsamen
Arbeit zusammenlebte. Wenn ihr also Christus nahe
sein wollt, dann sagen Wir auch heute zu euch: „Ite ad
Ioseph“: Geht zu Josef! (*Gen* 41, 55). [...] Wir möchten
euch Unseren Entschluss verkünden, das liturgische
Fest des heiligen Josef, des Handwerkers, einzuführen
– wie Wir dies hiermit tun – und es auf den 1. Mai zu
legen. Nehmt ihr, geliebte Arbeiter und Arbeiterinnen,
dieses Unser Geschenk an? Wir sind uns dessen sicher,
denn der demütige Handwerker aus Nazareth verkör-
pert vor Gott und der heiligen Kirche nicht nur die
Würde des körperlich tätigen Arbeiters, sondern er ist
auch stets der fürsorgliche Hüter eurer selbst und eurer
Familien.[14]

[14] Pius XII., *Ansprache* aus Anlass des Festes des heiligen Josef,
des Arbeiters (1. Mai 1955): *AAS* 47 (1955), 402; 406.

Johannes XXIII. (1958-1963)

Er verehrte den Heiligen, dessen Namen er trug,
sehr. Auch wenn er die Kirche nur knapp fünf Jahre ge-
leitet hat, verzeichnet sein Lehramt umfangreiche Äußerungen über den heiligen Josef. Etwa achtzig an der Zahl,
die allein einen theologischen Traktat über den Heiligen
darstellen würden.[15] Die Lehre des „Papa buono", des
guten Papstes, über den heiligen Josef wird vor allem in
zwei wichtigen Entscheidungen deutlich: die Aufnahme
des Namens in den Messkanon und die Erklärung des
heiligen Josef zum Patron des Zweiten Vatikanischen
Konzils:

> Alle interessiert das Konzil, Kirchenmänner und
> Laien, Groß und Klein in allen Teilen der Welt, aus
> allen Schichten, jeglicher Herkunft und Hautfarbe:
> Und wenn ein himmlischer Beschützer angezeigt ist,
> aus der Höhe bei dessen Vorbereitung und Durch-
> führung jene *virtus divina* zu erlangen, durch die es
> bestimmt zu sein scheint, eine Epochenwende in der
> Geschichte der zeitgenössischen Kirche zu markieren,
> so kann dies keinem der Himmelsbewohner besser an-
> vertraut werden als dem heiligen Josef, dem erhabe-
> nen Haupt der Familie von Nazaret und Beschützer
> der heiligen Kirche […] O Heiliger Josef! Hier, hier

---

[15] Vgl. MATTANZA, *San Giuseppe, capo della Santa Famiglia, nel magistero pontificio da Pio IX ai nostri giorni*, a.a.O., 393-436.

ist dein Platz als *Protector universalis Ecclesiae*. Durch die Stimmen und Dokumente Unserer unmittelbaren Vorgänger des letzten Jahrhunderts – von Pius IX. bis Pius XII. – haben wir dir einen Ehrenkranz dargebracht, als Echo der Zeugnisse liebevoller Verehrung, die nunmehr aus allen katholischen Nationen und aus allen Missionsgebieten aufsteigen. Sei stets unser Beschützer! Möge Dein innerlicher Geist des Friedens, der Stille, der Arbeitsamkeit und des Gebetes, zum Dienst an der Heiligen Kirche, uns stets beleben und beseligen, in Vereinigung mit Deiner gebenedeiten Braut, unserer sanften Unbefleckten Mutter, und in starker und zärtlicher Liebe zu Jesus, dem glorreichen und unsterblichen König aller Zeiten und aller Völker. Amen.[16]

Paul VI. (1963-1978)

Auch das Lehramt von Giovanni Battista Montini über den heiligen Josef zeichnet sich durch zahlreiche Beiträge[17] aus, vor allem in den verschiedenen Ansprachen, in denen er neben den Vorzügen des Heiligen auch dessen Sendung in Bezug auf die Kirche hervortreten ließ. Bedeutung und Größe des Heiligen kommen für Paul VI. vor allem im Rahmen des Geheimnisses der

[16] JOHANNES XXIII., Apostolisches Schreiben *Le voci* (19. März 1961): *AAS* 53 (1961), 210-211.

[17] Vgl. MATTANZA, *San Giuseppe, capo della Santa Famiglia, nel magistero pontificio da Pio IX ai nostri giorni,* a.a.O., 437-484.

58

Menschwerdung Christi zum Ausdruck, wo Josef seine von der Vorsehung bestimmte Sendung im Heilsplan erfüllt:

Wir feiern das Fest des heiligen Josef, Schutzpatron der Kirche. Es ist ein Fest, das die strenge, eindringliche Betrachtung der Fastenzeit unterbricht, die ganz erfüllt ist von dem Wunch, das Geheimnis der Erlösung zu durchdringen und die geistliche Disziplin umzusetzen, die die Feier eines solchen Geheimnisses mit sich bringt. Es handelt sich um ein Fest, das unsere Aufmerksamkeit auf ein anderes Geheimnis des Herrn lenkt, die Menschwerdung, und das uns einlädt, uns diese arme, sanfte, sehr menschliche Szene vorzustellen, das Bild der Heiligen Familie von Nazaret im Evangelium, in der sich dieses Geheimnis historisch ereignet hat. Die allerseligste Jungfrau Maria erscheint uns in diesem sehr einfachen Bild des Evangeliums, neben ihr der heilige Josef und in der Mitte Jesus. Unser Blick, unsere Verehrung verweilen heute beim heiligen Josef, dem stillen, arbeitsamen Zimmermann, der zwar nicht der leibliche Vater Jesu war, aber ihm seinen Familienstand, seinen sozialen Stand, die wirtschaftliche Situation, die Berufserfahrung, das familiäre Umfeld, die menschliche Erziehung vermittelte. Man muss diese Beziehung zwischen dem heiligen Josef und Jesus aufmerksam betrachten, denn sie kann uns viele Dinge des Planes Gottes verständlich machen, der in diese Welt gekommen ist, um als Mensch unter Menschen zu leben, aber zur gleichen Zeit als ihr Lehrer und Erlöser.[18]

Für Paul VI. ist die Gestalt des heiligen Josef darüber hinaus tief verwurzelt in der Tugend der Demut, und diese Tugend sollte in jedem Bereich des christlichen Lebens nachgeahmt werden, in der Kirche ebenso wie in der Familie, bis hin zu jedem einzelnen Christen aus allen sozialen Schichten:

Der heilige Josef zeigt sich uns mit gänzlich unerwarteten Aspekten. Wir hätten ihn als mächtigen Mann sehen können, der Christus, der in die Welt gekommen ist, den Weg bereitet. Oder vielleicht als Prophet, als Weisen, einen Mann mit priesterlichen Aufgaben, um den Sohn Gottes zu empfangen, der in das Menschengeschlecht und in eine Beziehung des Dialogs mit uns eingetreten ist. Dagegen handelt es sich um jemanden, der so normal, bescheiden, demütig ist, wie wir es uns nur vorstellen können. [...] Sollten wir deshalb diese Gestalt ignorieren, nicht vor ihr verweilen? Nein, ganz und gar nicht. Denn sonst würden wir die Lehre nicht verstehen, die der göttliche Meister gelehrt hat: die frohe Botschaft in ihrer ersten charakteristischen Form, das heißt, dass sie den Armen, den Demütigen verkün-

[18] PAUL VI., *Predigt* in der heiligen Messe am Fest des heiligen Josef aus Anlass der Pilgerfahrt der Fiat-Mitarbeiter (19. März 1964): *Insegnamenti di Paolo VI*, II (1964), 186.

det wird, denen, die des Trostes und der Erlösung bedürfen. Daher beginnt das Evangelium der Seligpreisungen mit dieser einführenden Gestalt namens Josef. [...] Nähern auch wir uns ihm mit kindlicher Verehrung, wie Hausgenossen an der Tür der einfachen Werkstatt von Nazaret, und jeder möge Josef bitten: Hilf mir, steh mir bei! Behüte auch mich! Es gibt kein Leben, das nicht von vielen Gefahren, Versuchungen, Schwächen, Fehlern bedrängt würde. Der stille und gute, treue, sanftmütige, starke und aufrichtige Josef lehrt uns, was wir tun müssen. Und sicherlich wird er es uns in seiner erlesenen Güte nicht an seiner Hilfe fehlen lassen.[19]

Vor allem aber die Teilhabe am Geheimnis der Erlösung ist bei Paul VI. die Grundlage für die Verehrung des heiligen Josef:

Das ist das Geheimnis der Größe des heiligen Josef, die ganz mit seiner Demut im Einklang steht: aus seinem Leben ein Dienen, ein Opfer an das Geheimnis der Menschwerdung und der damit verbundenen Heilssendung gemacht zu haben; seine rechtliche Vollmacht, die ihm über die Heilige Familie zukam, eingesetzt zu haben, um sich selbst, sein Leben, seine Arbeit vollkommen an sie hinzugeben; seine menschliche

---

¹⁹ PAUL VI., *Predigt* in der heiligen Messe am Fest des heiligen Josef (19. März 1968): *Insegnamenti di Paolo VI*, VI (1968), 1154.

Berufung zur familiären Liebe in die übernatürliche Hingabe seiner selbst, seines Herzens und all seiner Fähigkeiten verwandelt zu haben, in der Liebe, die er in den Dienst des Messias stellte, der in seinem Haus aufwuchs, rechtlich sein Sohn und Sohn Davids, aber in Wirklichkeit Sohn Marias und Sohn Gottes.[20]

Johannes Paul II. (1978-2005)

Dieser Papst hat bis heute die umfassendste und reichhaltigste Lehre über den heiligen Josef hervorgebracht. Je nach Anlass hat er mehr oder weniger ausführlich über den heiligen Nährvater Jesu gesprochen und ihm zuweilen ganze Dokumente oder einen Teil von ihnen gewidmet oder in anderen Fällen indirekt auf ihn hingewiesen. Giuseppe Mattanza[21] hat folgende Liste der Beiträge des Papstes erstellt: 340 Ansprachen, 196 Predigten, 105 Ansprachen beim Gebet des *Angelus* oder des *Regina caeli*, 33 Grußworte, 33 Botschaften, 32 Apostolische Schreiben, 20 Dekrete, 16 Briefe, 11 Apostolische Konstitutionen, 8 Apostolische Mahnschreiben, 5 Enzykliken, 3 Reden, 3 Gebete, 2 Weihegebete, 2 De-

---

[20] PAUL VI, *Predigt* am Fest des heiligen Josef, Heilige Messe mit Bischofsweihe von vier Kurienmitarbeitern (19. März 1966): *Insegnamenti di Paolo VI*, IV (1966), 111.

[21] Vgl. MATTANZA, *San Giuseppe, capo della Santa Famiglia, nel magistero pontificio da Pio IX ai nostri giorni*, a.a.O., 498-499.

kretschreiben, 1 Direktorium für Volksfrömmigkeit und
Liturgie, 1 Radiobotschaft, 1 Meditation, 1 Vorwort, 1
Dankwort, 1 Telegramm, insgesamt gut 815 Beiträge.
Diese enorme Menge von Dokumenten ist nicht nur die
Frucht eines 27 Jahre langen Pontifikats, sondern auch
die Frucht der tiefen persönlichen Verehrung, die Johannes Paul II. seit seiner Kindheit dem heiligen Josef entgegenbrachte.

In seiner Autobiographie *Auf, lasst uns gehen!* erzählt
der polnische Papst:

Die Verehrung für den heiligen Josef verbindet sich
für mich mit der Erfahrung, die ich in Krakau gemacht
habe. In der Poselska-Straße, in der Nähe des bischöf-
lichen Palasts, sind die Schwestern des heiligen Bern-
hard. In ihrer Kirche, die dem heiligen Josef geweiht ist,
haben sie die ständige Aussetzung des Allerheiligsten
Sakramentes. In freien Momenten ging ich dorthin, um
zu beten, und häufig fiel mein Blick auf das schöne Bild
des Putativ-Vaters Jesu, das in jener Kirche sehr verehrt wird. Dort predigte ich einmal auch die geistlichen
Exerzitien für die Juristen. Ich habe immer gern an den
heiligen Josef im Zusammenhang mit der Heiligen Familie gedacht: Jesus, Maria, Josef. Bei verschiedenen
Problemen rief ich die Hilfe aller drei an. Ich verstehe
die Einheit und die Liebe gut, die in der Heiligen Familie gelebt wurde: drei Herzen, eine Liebe. In besonderer
Weise vertraute ich dem heiligen Josef die Familien-

Pastoral an. In Krakau gibt es noch eine weitere Kirche, die dem heiligen Josef geweiht ist; sie liegt in Podgórze. Ich suchte sie während der Pastoralbesuche auf.[22]

Und wie sollte man nicht an die Geste Johannes Pauls II. denken, als er dem Bild des heiligen Josef, das sich im Karmelitenkloster seiner Geburtsstadt Wadowice befindet, seinen Fischerring schenkte? Der Anlass war das 25. Pontifikatsjubiläum am 16. Oktober 2003.

Im umfassenden Lehramt Wojtyłas über den heiligen Josef nimmt das Apostolische Schreiben *Redemptoris custos* vom 15. August 1989 die zentrale Stelle ein. Es wurde aus Anlass des 100. Jubiläums der Enzyklika *Quamquam pluries* von Leo XIII. veröffentlicht und war auch als Vollendung der Trilogie gedacht, die Johannes Paul II. mit der Enzyklika *Redemptor hominis* (1978) über Jesus Christus, den Erlöser, begonnen und mit der Enzyklika *Redemptoris Mater* (1987) über die Mutter des Erlösers fortgesetzt hatte. Den Abschluss sollte, wie gesagt, das Apostolische Schreiben über den Hüter des Erlösers bilden. Dieses Schreiben ist bis jetzt das ausführlichste und vollständigste Dokument des päpstlichen Lehramts über den heiligen Josef. Es verweist auf den Heiligen als konkretes Vorbild für alle, das im eigenen Lebensstil nachgeahmt werden soll:

---

[22] JOHANNES PAUL II., *Auf, lasst uns gehen! Erinnerungen und Gedanken*, Weltbild, Augsburg 2004, 143-144.

Möge der heilige Josef für alle ein einzigartiger Lehrmeister im Dienst an der Heilssendung Christi werden, einem Dienst, der in der Kirche jeden einzelnen und alle angeht: die Eheleute und die Eltern, jene, die von ihrer Hände Arbeit oder jeder anderen Arbeit leben, die Personen, die zum beschaulichen Leben wie jene, die zum Apostolat berufen sind.

Der gerechte Mann, der das ganze Erbe des Alten Bundes in sich trug, ist auch in den „Anfang" des Neuen und Ewigen Bundes in Jesus Christus eingeführt worden. Möge er uns die Wege dieses heilbringenden Bundes weisen, jetzt, an der Schwelle des nächsten Jahrtausends, in welchem dieser Bund fortdauern und die „Fülle der Zeit" weit fortschreiten muss, die dem unaussprechlichen Geheimnis der Fleischwerdung des Wortes eigen ist.

Der heilige Josef erwirke für die Kirche und für die ganze Welt sowie für jeden von uns den Segen des Vaters und des Sohnes und des Heiligen Geistes.[23]

Benedikt XVI. (2005-2013)

Auf den Namen Joseph getauft, hat er als Papst mehrmals auf die Gestalt des heiligen Patriarchen hingewiesen, wobei er die Gläubigen häufig aufforderte, in

---

[23] JOHANNES PAUL II., Apostolisches Schreiben *Redemptoris custos* (15. August 1989), 32: *AAS* 82 (1990), 34.

die Schule des heiligen Josef zu gehen, um dessen Tugenden nachzuahmen und sich ihm im Gebet anzuvertrauen. Mattanza zählt 205 Beiträge: 80 Ansprachen, 42 Ansprachen bei *Angelus* oder *Regina caeli*, 39 Predigten, 12 Botschaften, 11 Briefe, 12 Dekrete, 4 Apostolische Schreiben, 2 Dekretschreiben, 1 Apostolisches Mahnschreiben, 1 Apostolische Konstitution, 1 Grußwort.[24]

Dabei legt der Papst nicht nur die Lehre dar, sondern gibt auch als Christ, der den Nährvater Jesu verehrt, sehr Persönliches von seltener Schönheit preis, zum Beispiel wenn er auf den heiligen Josef als Vertrauten des eigenen Gebets hinweist:

> Liebe Freunde, in wenigen Tagen feiern wir das Fest des heiligen Josef, des Schutzpatrons der Arbeiter. [...] Da ich meinerseits auch seinen Namen trage, freue ich mich, ihn euch heute nicht nur als himmlischen Beschützer und Fürsprecher für jede verdienstvolle Initiative zu empfehlen, sondern vor allem als Vertrauten eures Gebets und eurer alltäglichen Verpflichtungen, die sicher viele Genugtuungen und Enttäuschungen mit sich bringen, als Vertrauten eurer täglichen und, ich würde sagen, hartnäckigen Suche nach der Gerechtigkeit Gottes in den menschlichen Angelegenheiten. Der heilige Josef wird euch helfen, die verpflichtende

---

[24] Vgl. MATTANZA, *San Giuseppe, capo della Santa Famiglia, nel magistero pontificio da Pio IX ai nostri giorni*, a.a.O., 546-547.

Aufforderung Jesu in die Tat umzusetzen: „Euch aber muss es zuerst um sein Reich und um seine Gerechtigkeit gehen" (*Mt* 6,33).[25]

Oder wenn Benedikt XVI. empfiehlt, das Schweigen Josefs nachzuahmen, das voller Glauben ist, welcher sein ganzes Denken und Handeln leitet:

Das Schweigen Josefs ist nicht Ausdruck innerer Leere, sondern im Gegenteil der Fülle des Glaubens, den er im Herzen trägt und der alle seine Gedanken und Handlungen leitet. Durch dieses Schweigen bewahrt Josef gemeinsam mit Maria das Wort Gottes, das er in der Heiligen Schrift kennengelernt hatte, und stellt ihm fortwährend die Ereignisse im Leben Jesu gegenüber; sein Schweigen ist durchdrungen von beständigem Gebet – ein Gebet des Lobpreises an den Herrn, der Anbetung seines heiligen Willen und der vollkommenen Hingabe an seine Vorsehung. Man übertreibt nicht, wenn man denkt, dass – auf menschlicher Ebene – Jesus von seinem „Vater" Josef jene starke Innerlichkeit lernte, die Voraussetzung der wahren Gerechtigkeit ist, jener „größeren Gerechtigkeit" nämlich (vgl. *Mt* 5,20), die Jesus eines Tages seine Jünger lehren wird.

---

[25] BENEDIKT XVI., *Ansprache* an die Mitglieder des Verbandes UCID (Italienische christliche Union der Unternehmer), (4. März 2006): *Insegnamenti di Benedetto XVI*, II, 1 (2006), 286.

Lassen wir uns also vom Schweigen des heiligen Josef „anstecken"! Wir haben dies sehr nötig in einer oft zu lauten Welt, die die Sammlung und das Hören auf die Stimme Gottes keineswegs fördert. Lasst uns in dieser Vorbereitungszeit auf Weihnachten die innere Sammlung pflegen, um Jesus in unserem Leben zu empfangen und zu bewahren.[26]

Schließlich beschreibt der Papst die bereitwillige Fügsamkeit des heiligen Josef, dem Wort Gottes gehorsam zu sein, und fordert dazu auf, dies nachzuahmen und sich seinem Schutz anzuvertrauen:

[Das] Fest des heiligen Josef [...], meines persönlichen Patrons und Schutzpatrons der heiligen Kirche: ein bescheidener Heiliger, ein bescheidener Arbeiter, dem die Würde verliehen wurde, Beschützer des Erlösers zu sein.

Der heilige Matthäus kennzeichnet den heiligen Josef mit einem Wort: Er war „gerecht", „dikaios", von „dike", und in der Sichtweise des Alten Testaments, wie wir sie zum Beispiel im Psalm 1 finden, ist der Mensch gerecht, der ganz in das Wort Gottes hineingenommen ist, der im Wort Gottes lebt, der das Gesetz nicht als „Joch", sondern als „Freude" lebt, der – so könnten wir

---

[26] BENEDIKT XVI., *Angelus* (18. Dezember 2005): *Insegnamenti di Benedetto XVI*, I (2005), 787.

sagen – das Gesetz als „Evangelium" lebt. Der heilige Josef war gerecht, er war hineingenommen in das Wort Gottes, das in der Weisheit seines Volkes geschrieben und weitergegeben wurde, und gerade so war er bereitet und berufen, das fleischgewordene Wort zu erkennen – das Wort, das als Mensch zu uns gekommen ist –, und vorausbestimmt, dieses fleischgewordene Wort zu beschützen. Das bleibt auf immer seine Sendung: die heilige Kirche und unseren Herrn zu beschützen.
Wir vertrauen uns in diesem Augenblick seiner Obhut an und bitten darum, dass er uns in unserem bescheidenen Dienst helfen möge. Unter diesem Schutz gehen wir mutig voran. Wir wollen für die bescheidenen Heiligen dankbar sein und den Herrn bitten, auch uns bescheiden zu machen in unserem Dienst und so heilig in der Gemeinschaft der Heiligen.[27]

Papst Franziskus (2013)

Der Papst verehrt den heiligen Josef seit jeher. In den Räumlichkeiten, in denen er gelebt und gearbeitet hat, stellte er stets eine kleine Statue des schlafenden heiligen Josef auf, ein beliebtes Bild in Lateinamerika. Auch jetzt in seinem Arbeitszimmer im Gästehaus Santa Marta befindet sich dieses Bild des Heiligen, und die Verehrung

[27] BENEDIKT XVI., *Abschluss der Exerzitien der Römischen Kurie* (19. März 2011): *Insegnamenti di Benedetto XVI*, VII, 1 (2011), 343.

von Franziskus für das, was es darstellt, erlangte plötzlich weltweite Bekanntheit, als er vor einigen Jahren beim *Welttreffen der Familien* in Manila darüber sprach:

Ich liebe den heiligen Josef sehr, denn er ist ein starker und ein schweigsamer Mann. Auf meinem Schreibtisch habe ich ein Bild des heiligen Josef, der schläft. Wenn ich ein Problem habe, eine Schwierigkeit, dann schreibe ich es auf ein kleines Blatt und schiebe es unter den heiligen Josef, damit er davon träumt! Das bedeutet: damit er für dieses Problem betet!

Der zweite Aspekt: mit Jesus und Maria aufstehen. Diese kostbaren Momente des Ausruhens, der Ruhe beim Herrn im Gebet, sind Momente, die wir vielleicht gerne verlängern würden. Doch wie der heilige Josef müssen wir, wenn wir die Stimme Gottes vernommen haben, uns vom Schlummer erheben; wir müssen aufstehen und handeln (vgl. *Röm* 13,11). In der Familie müssen wir aufstehen und handeln! Der Glaube entfernt uns nicht von der Welt, sondern er zieht uns tiefer in sie hinein.[28]

Aber bereits einige Jahre zuvor hat Franziskus die heilige Messe zum Pontifikatsbeginn 2013 genau an jenem Tag gefeiert, an dem die Kirche des Heiligen gedenkt, ein vom argentinischen Papst gewählter und ge-

---

[28] Franziskus, *Ansprache an die Familien*, Mall of Asia Arena, Manila (16. Januar 2015).

wollter Anlass, da er im Bräutigam der Jungfrau Maria
stets die Kraft und die Weisheit Gottes gesehen hat. Bei
jener Gelegenheit erklärte er in der Predigt:

> Josef ist „Hüter", weil er auf Gott zu hören versteht,
> sich von seinem Willen leiten lässt. Und gerade deshalb
> ist er noch einfühlsamer für die ihm anvertrauten Men-
> schen, weiß mit Realismus die Ereignisse zu deuten,
> ist aufmerksam auf seine Umgebung und versteht die
> klügsten Entscheidungen zu treffen. An ihm sehen wir,
> liebe Freunde, wie man auf den Ruf Gottes antwortet:
> verfügbar und unverzüglich.[29]

Am 1. Mai 2013 bestätigte Franziskus den Wunsch
von Benedikt XVI. und nahm durch ein Dekret – eine
der ersten Handlungen seines Pontifikats – den Namen
des heiligen Josef, des Bräutigams der allerseligsten Jungfrau Maria, in die Eucharistischen Hochgebete II, III und
IV auf.

Darüber hinaus hat der Papst in der Kapelle des
Gästehauses Santa Marta ausführlich seine Gedanken
über den Heiligen dargelegt, dem er all seine Sorgen anvertraut. In der heiligen Messe am 18. Dezember 2017
empfiehlt er, sich an den Bräutigam Marias zu wenden,
wenn „wir vieles nicht verstehen, viele Probleme, vie-

---

[29] FRANZISKUS, *Predigt* in der heiligen Messe zum Beginn des
Petrusdienstes (19. März 2013).

le Ängste haben und vieles für uns dunkel ist". Und er schlägt auch ein Gebet vor:

Das ist der große Josef, den Gott braucht, um das Geheimnis der Rück-Führung des Volkes hin zur neuen Schöpfung voranzubringen. Gerade sein Beispiel möge uns viele Dinge lehren, die wir in unseren Reflexionen aufgreifen können. Vor allem aber schenke es uns den Mut, uns an ihn zu werden, wenn wir vieles nicht begreifen, wenn wir viele Probleme haben, viele Ängste, viele dunkle Augenblicke, und ihm einfach zu sagen: „Hilf du uns, der du weißt, was es heißt, im Finstern zu gehen, du, der du weißt, wie man die Stimme Gottes hört, du, der du weißt, wie man schweigend weitergeht."[30]

Und in einer anderen Frühmesse unterstreicht Bergoglio, dass Josef der Mann ist, der handelt, auch wenn er schläft, weil er das träumt, was Gott will.

Ihn möchte ich heute bitten, dass er uns allen die Fähigkeit zu träumen schenke. Denn wenn wir Großes träumen, die schönen Dinge, nähern wir uns dem Traum Gottes, den Dingen, die Gott von uns träumt. Er schenke den jungen Menschen – denn er war ein junger Mann – die Fähigkeit zu träumen, ein Risiko einzugehen und die schwierigen Aufgaben zu überneh-

---

[30] FRANZISKUS, *Predigt* in der Frühmesse, Casa Santa Marta (18. Dezember 2017).

men, die sie in ihren Träumen gesehen haben. Und uns allen schenke er die Treue, die normalerweise in einer gerechten Haltung wächst; er war gerecht. Sie wächst in der Stille – wenige Worte – und sie wächst in der Zärtlichkeit, die es vermag, die eigenen Schwächen und die der anderen zu behüten.[31]

150 Jahre nach der Erklärung des heiligen Josef zum *Schutzpatron der Kirche* durch Pius IX. am 8. Dezember 1870 stellt Papst Franziskus erneut die Kirche und die gesamte Menschheit unter den Schutz des Heiligen. Heute wie damals hat die Gemeinschaft der Gläubigen einen schweren historischen Augenblick zu bewältigen. Heute ist der Feind ein unsichtbares Wesen, Urheber der Pandemie, des Leids und in zahlreichen Fällen auch des Todes. Der Papst unterstreicht jedoch, dass viele einfache Menschen sich in aller Stille und ohne Aufsehen im Dienst der Nächstenliebe an den Brüdern und Schwestern, die in Schwierigkeiten sind, hingeben, nach dem Vorbild des heiligen Josef. Und er schreibt, dass der Wunsch, das Schreiben *Patris corde* zu verfassen,

jetzt in den Monaten der Pandemie gereift [ist]. In dieser Krise konnten wir erleben, dass „unser Leben von gewöhnlichen Menschen – die gewöhnlich vergessen werden – gestaltet und erhalten wird, die weder in den

---

[31] Franziskus, *Predigt* in der Frühmesse, Casa Santa Marta (20. März 2017).

Schlagzeilen der Zeitungen und Zeitschriften noch sonst im Rampenlicht der neuesten Show stehen, die aber heute zweifellos eine bedeutende Seite unserer Geschichte schreiben: Ärzte, Krankenschwestern und Pfleger, Supermarktangestellte, Reinigungspersonal, Betreuungskräfte, Transporteure, Ordnungskräfte, ehrenamtliche Helfer, Priester, Ordensleute und viele, ja viele andere, die verstanden haben, dass niemand sich allein rettet. [...] Wie viele Menschen üben sich jeden Tag in Geduld und flößen Hoffnung ein und sind darauf bedacht, keine Panik zu verbreiten, sondern Mitverantwortung zu fördern. Wie viele Väter, Mütter, Großväter und Großmütter, Lehrerinnen und Lehrer zeigen unseren Kindern mit kleinen und alltäglichen Gesten, wie sie einer Krise begegnen und sie durchstehen können, indem sie ihre Gewohnheiten anpassen, den Blick aufrichten und zum Gebet anregen. Wie viele Menschen beten für das Wohl aller, spenden und setzen sich dafür ein."[32] Alle können im heiligen Josef, diesem unauffälligen Mann, diesem Menschen der täglichen, diskreten und verborgenen Gegenwart, einen Fürsprecher, Helfer und Führer in schwierigen Zeiten finden. Der heilige Josef erinnert uns daran, dass all jene, die scheinbar im Verborgenen oder in der

[32] FRANZISKUS, *Besondere Andacht in der Zeit der Pandemie* (27. März 2020): *L'Osservatore Romano* (dt.), Jg. 50 (2020), Nr. 14/15 (3. April 2020), S. 6.

„zweiten Reihe" stehen, in der Heilsgeschichte eine unvergleichliche Hauptrolle spielen. Ihnen allen gebührt Dank und Anerkennung.[33]

Papst Franziskus schreibt: „Ziel dieses Apostolischen Schreibens ist es, die Liebe zu diesem großen Heiligen zu fördern und einen Anstoß zu geben, ihn um seine Fürsprache anzurufen und seine Tugenden und seine Tatkraft nachzuahmen."[34] Und um die Weihe der ganzen Kirche an ihren Schutzpatron zu festigen, hat der Papst festgelegt, dass vom 8. Dezember 2020 an, „dem Jahrestag des vorgenannten Dekrets wie auch dem Ehrentag der unbefleckten seligen Jungfrau Maria und Braut des keuschen Josef, bis zum 8. Dezember 2021 ein besonderes Jahr begangen werden soll, in dem alle Christgläubigen auf sein Beispiel hin täglich ihr Glaubensleben in voller Erfüllung des Willens Gottes intensivieren können"[35].

So mögen sich „alle Christgläubigen [...] mit der Hilfe des heiligen Josef, dem Beschützer der Heiligen Familie von Nazaret, durch Gebet und gute Werke [...] eifrig

---

[33] FRANZISKUS, Apostolisches Schreiben *Patris corde* (8. Dezember 2020).

[34] *Ebd.*

[35] APOSTOLISCHE PÖNITENTIARIE, *Dekret über die Gewährung besonderer Ablässe aus Anlass des Jahres des heiligen Josef* (8. Dezember 2020).

um Trost und Linderung der schweren Bedrängnisse der Menschheit in unserer Zeit bemühen"[36].

Die Gläubigen können durch die Teilnahme am Jahr des heiligen Josef, wenn sie „frei von jeglicher Anhänglichkeit an die Sünde" sind, unter den üblichen Bedingungen (Beichte, Kommunion und Gebet in den Anliegen des Heiligen Vaters) einen *vollkommenen Ablass* erlangen, und zwar auf die verschiedenen Weisen, wie sie im Dekret der Pönitentiarie aufgelistet sind, welches das Apostolische Schreiben *Patris corde* begleitet.

[36] *Ebd.*

Gebete zu Ehren des heiligen Josef

GEBETE DER PÄPSTE

Virginum custos

Heiliger Josef,
du Schützer und Vater jungfräulicher Seelen!
Deiner treuen Obhut
waren Jesus Christus, die Unschuld selbst,
und Maria, die Jungfrau der Jungfrauen,
anvertraut.
Um dieser beiden teuren Schutzbefohlenen willen
bitte ich dich inständig:
Bewahre mich vor jeder Unreinheit
und hilf mir, dass ich stets makellos,
rein an Leib und Seele,
in aller Keuschheit Jesus und Maria diene.
Amen.

Sel. Pius IX.

Zu dir, heiliger Josef

Zu dir, heiliger Josef,
nehmen wir in der Trübsal unsere Zuflucht.
Wir haben deine heilige Braut um ihre Hilfe angerufen,
nun bitten wir auch dich vertrauensvoll
um deinen väterlichen Schutz.
Um der Liebe willen, die dich
mit der unbefleckten Jungfrau und Gottesmutter
verbunden hat,
und um der väterlichen Liebe willen,
mit der du das Jesuskind umfangen hast,
bitten wir dich flehentlich:
Schau gütig herab auf die Kirche,
die Jesus Christus durch sein Blut sich erworben hat,
und komm unseren Nöten durch deine Macht zu Hilfe.
Nimm, o fürsorglicher Beschützer der Heiligen Familie,
die auserwählten Kinder Jesu Christi unter deine Obhut!
Liebreicher Vater, halte fern von uns
jede Ansteckung durch Irrtum und Verderbnis!
Du starker Beschützer, steh uns vom Himmel aus
gnädig bei in unserem Kampf
gegen die Mächte der Finsternis.
Wie du einst den Knaben Jesus
aus der höchsten Lebensgefahr gerettet hast,
so verteidige jetzt die heilige Kirche Gottes
wider alle Nachstellungen ihrer Feinde
und gegen jede Widerwärtigkeit!

Jeden von uns nimm unter deinen ständigen Schutz,
dass wir nach deinem Beispiel und mit deiner Hilfe
heilig leben, fromm sterben
und die ewige Seligkeit im Himmel erlangen.
Amen.
Leo XIII.

Herr, erbarme dich,   *Herr, erbarme dich.*
Christus, erbarme dich,   *Christus, erbarme dich.*
Herr, erbarme dich,   *Herr, erbarme dich.*
Christus, höre uns,   *Christus, höre uns.*
Christus, erhöre uns,   *Christus, erhöre uns.*
Gott Vater im Himmel,   *erbarme dich unser.*
Gott Sohn, Erlöser der Welt,   *erbarme dich unser.*
Gott Heiliger Geist,   *erbarme dich unser.*
Heiliger dreifaltiger Gott,   *erbarme dich unser.*

Heilige Maria,   *bitte für uns.*
Heiliger Josef
Du erhabener Spross Davids
Du Leuchte unter den Patriarchen
Du Bräutigam der Gottesmutter
Du reiner Hüter der allerseligsten Jungfrau
Du Nährvater des Sohnes Gottes
Du sorgsamer Verteidiger Christi
Du Haupt der Heiligen Familie
Du gerechter Josef
Du keuscher Josef
Du weiser Josef
Du starkmütiger Josef
Du gehorsamer Josef
Du getreuer Josef
Du Spiegel der Geduld

Du Freund der Armut

Du Vorbild der Arbeiter

Du Zierde des häuslichen Lebens

Du Beschützer der jungfräulichen Seelen

Du Stütze der Familien

Du Trost der Bedrängten

Du Hoffnung der Kranken

Du Patron der Sterbenden

Du Schrecken der bösen Geister

Du Schutzherr der heiligen Kirche

Lamm Gottes, du nimmst hinweg
die Sünde der Welt, *verschone uns, o Herr.*

Lamm Gottes, du nimmst hinweg
die Sünde der Welt, *erhöre uns, o Herr.*

Lamm Gottes, du nimmst hinweg
die Sünde der Welt, *erbarme dich unser.*

Er hat ihn bestellt zum Herrn seines Hauses,
und zum Verwalter seines ganzen Besitzes.

Lasset uns beten.

Gott, du hast in deiner wunderbaren Vorsehung den
heiligen Josef zum Bräutigam deiner heiligsten Mutter

erwählt. Wir bitten dich, lass uns im Himmel den zum Anwalt haben, den wir auf Erden als unseren Beschützer verehren, der du lebst und herrschest in alle Ewigkeit. Amen.

Hl. Pius X.

Heiliger Josef, der Handwerker

O glorreicher Patriarch, heiliger Josef,
demütiger und gerechter Arbeiter aus Nazaret,
der du allen Christen
das Beispiel eines vollkommenen Lebens
in unermüdlicher Arbeit und in bewundernswerter
Verbundenheit mit Maria und Jesus gegeben hast,
stehe uns in unserem täglichen Mühen bei,
damit auch wir
in der Arbeit das wirksame Mittel erkennen,
den Herrn zu verherrlichen,
uns zu heiligen und der Gesellschaft,
in der wir leben, nützlich zu sein –
denn das sind die höchsten Ideale all unseres Einsatzes.
Erwirke uns vom Herrn,
du unser liebenswerter Beschützer,
die Bescheidenheit und Einfachheit des Herzens,
Freude an der Arbeit und Wohlwollen gegenüber allen,
mit denen wir zusammenarbeiten;
erwirke uns Übereinstimmung
mit dem göttlichen Willen
in den unvermeidlichen Mühen dieses Lebens
und die Freude, sie zu ertragen.
Erwirke uns das Bewusstsein
für unseren besonderen sozialen Auftrag
und für unsere Verantwortung;

erwirke uns Pflichtbewusstsein
und den Geist des Gebetes.
Begleite uns in glücklichen Zeiten,
wenn uns alles gelingt und wir die Früchte
unserer Arbeit redlich genießen dürfen,
und stütze uns auch in traurigen Stunden,
wenn sich über uns scheinbar der Himmel verschließt
und sich sogar die Werkzeuge
unseren Händen widersetzen.
Gib, dass wir dir nachfolgend
die Augen auf unsere Mutter Maria gerichtet halten,
deine anmutige Braut,
die in einem Winkel deiner bescheidenen Werkstatt
still ihre Handarbeit verrichtete
und dabei inneren Frieden ausstrahlte.
Und wir wollen den Blick nicht von Jesus wenden,
der sich mit dir an der Werkbank abgemüht hat:
Auf dass wir in solcher Weise auf Erden
ein friedliches und heiligmäßiges Leben führen können,
ein Vorspiel des ewigen Lebens,
das uns im Himmel erwartet, für alle Ewigkeit.
Amen.

Pius XII.

Heiliger Josef, von Gott erwählt

Heiliger Josef,
von Gott erwählt, auf dieser Erde
Hüter Jesu und keuscher Gatte Mariens zu sein,
du hast dein Leben
in vollkommener Pflichterfüllung verbracht
und mit deiner Hände Arbeit
die Heilige Familie von Nazaret ernährt.
Gewähre uns gnädig deinen Schutz,
da wir uns vertrauensvoll an dich wenden.
Du kennst unser Wollen,
unsere Ängste und Hoffnungen.
Wir kommen zu dir,
da wir wissen, dass wir in dir einen Beschützer finden.
Auch du hast Prüfungen,
Mühen und Müdigkeit erfahren,
aber von tiefem Frieden erfüllt
hat deine Seele vor Freude frohlockt
über die innige Verbindung
mit dem dir anvertrauten Gottessohn
und mit seiner liebevollen Mutter Maria.
Hilf uns verstehen,
dass wir bei unserer Arbeit nicht allein sind.
Lass uns entdecken, dass Christus bei uns ist.
Stehe uns bei, dass wir ihn mit der Gnade empfangen
und in der Treue bei uns wohnen lassen,
wie du es getan hast.

Erlange uns die Gnade, dass in unserer Familie
alles geheiligt werde
in der Liebe, in der Geduld und Gerechtigkeit
sowie im Streben nach dem Guten.
Amen.
Hl. Johannes XXIII.

Heiliger Josef, Beschützer Jesu Christi

Heiliger Josef, Beschützer Jesu Christi,
keuscher Gatte Mariens,
du hast dein Leben
in vollkommener Pflichterfüllung verbracht
und mit deiner Hände Arbeit
die Heilige Familie von Nazaret ernährt:
Gewähre gnädig all denen Schutz,
die sich in ihren Gebeten
vertrauensvoll an dich wenden.
Du kennst ihr Wollen, ihre Ängste,
ihre Hoffnungen.
Sie kommen zu dir, denn sie wissen,
dass sie in dir jemanden finden,
der sie versteht und schützt.
Auch du hast Prüfungen,
Mühen und Müdigkeit erfahren.
Aber auch inmitten der Sorgen des täglichen Lebens
hat deine Seele, von tiefem Frieden erfüllt,
vor Freude frohlockt
über die innige Verbindung mit dem Sohn Gottes,
der dir zusammen mit seiner liebevollen Mutter Maria
anvertraut war.
Mögen deine Schutzbefohlenen verstehen,
dass sie bei ihrer Arbeit nicht allein sind.
Möge es auch ihnen verliehen sein,
neben sich Jesus Christus zu entdecken,

ihn mit seinen Gnaden zu empfangen
und in Treue immer bei sich wohnen zu lassen,
so wie du es getan hast.
Heiliger Josef, erflehe uns durch deine Fürbitte
die Gnade, dass in jeder Familie,
in jeder Fabrik, in jeder Werkstätte,
überall dort, wo Christen tätig sind,
alles geheiligt werde in der Liebe,
der Geduld, der Gerechtigkeit,
im guten Wollen und im guten Tun,
damit die Gaben der himmlischen Liebe
reich auf uns herabkommen.
Amen.
Hl. Johannes XXIII.

Heiliger Josef, Schutzpatron der Kirche,
du hast Tag für Tag mit dem menschgewordenen
Gottessohn an deiner Seite
für den Lebensunterhalt gearbeitet
und aus seiner Gegenwart
die Kraft zum Leben und Arbeiten geschöpft.
Du kennst die Sorge um den morgigen Tag,
die Bitterkeit der Armut und Unsicherheit der Arbeit.
Heute erstrahlt das Beispiel deiner Gestalt –
bescheiden vor den Menschen, aber groß vor Gott.
Schau auf die große Familie, die dir anvertraut ist.
Segne die Kirche
und führe sie mehr und mehr
auf den Weg der Treue zum Evangelium.
Beschütze die Arbeiter in ihrem harten Lebensalltag,
bewahre sie vor der Entmutigung,
vor der aufsässigen Verweigerung
wie auch vor der Versuchung der Genusssucht.
Tritt für die Armen ein,
die auf Erden die Erniedrigung Christi fortsetzen,
auf dass ihnen die Fürsorge
der besser gestellten Brüder und Schwestern
zuteilwerde.

Bewahre den Frieden in der Welt,
jenen Frieden, der allein die Entwicklung der Völker
und die Erfüllung der menschlichen Hoffnungen
gewährleisten kann –
zum Wohl der Menschheit, für die Sendung der Kirche,
zur Ehre der Heiligsten Dreifaltigkeit.
Amen.

Hl. Paul VI.

Heiliger Josef, mit dir und durch dich

Heiliger Josef, mit dir und durch dich
preisen wir den Herrn!
Er hat dich unter allen Männern erwählt,
Marias keuscher Ehemann zu sein,
der an der Schwelle des Geheimnisses
ihrer Gottesmutterschaft steht
und dann wie sie im Glauben diese Mutterschaft
als Werk des Heiligen Geistes annimmt.
Über dich stammt Jesus dem Gesetze nach
vom Geschlecht Davids ab.
In liebevoller Fürsorge
hast du beständig über Mutter und Kind gewacht,
damit sie ihre Sendung erfüllen konnten.
Jesus, der Retter, war dir
in seiner Kindheit und Jugend gehorsam,
wie man einem Vater gehorcht,
und ließ sich von dir in den Dingen
des menschlichen Lebens unterweisen,
während du in tiefer Verehrung seines Geheimnisses
sein Leben geteilt hast.
Beschütze immerfort die ganze Kirche,
die Familie, die aus dem von Jesus gewirkten Heil
hervorgegangen ist.
Schau auf die geistigen und materiellen Nöte
und Sorgen aller, die zu dir kommen
und dich um deine Fürsprache anrufen.

Durch dich sind sie der Gnade gewiss,
dass Maria mütterlich auf sie schaut
und Jesus seine rettende Hand nach ihnen ausstreckt.
Amen.
Hl. Johannes Paul II.

O lieber heiliger Josef

O lieber heiliger Josef,
du Freund und Beschützer aller,
du Hüter Jesu und all derer,
die deine Hilfe anrufen,
du bist groß, da du bei Gott alles erlangst,
worum die Menschen dich bitten.
Ich bitte dich, nimm mein Gebet an:
Wache über alle Familien und beschütze sie,
dass sie in der Harmonie und in der Einheit,
in dem Glauben und in der Liebe leben,
die in der Familie von Nazaret herrschten.
Schau voll Zärtlichkeit
besonders auf die Familien der Arbeitslosen,
gibt ihnen allen Arbeit,
damit sie mit ihrem Werk eine bessere Welt schaffen
und Gott den Schöpfer loben.
Ich vertraue dir die Kirche an,
vor allem den Papst, die Bischöfe,
die Priester und alle Missionare,
dass sie sich von deiner Väterlichkeit getragen fühlen.
Wer kann sie mehr lieben als du, o lieber heiliger Josef?
Beschütze alle Personen des geweihten Lebens,
dass sie in deinem Gehorsam
und deiner Treue zum Willen Gottes
das Beispiel finden,
in der Stille, in der Demut

und im missionarischen Geist
ein Leben innerer Vereinigung mit Gott zu leben,
das sie in der Erfüllung des göttlichen Willens
glücklich macht.
Die Freude, zu spüren, dass man Gott gehört,
ist so groß, dass sie mit nichts verglichen werden kann;
nur in Gott ist alles Glück zu finden.
Heiliger Josef, erhöre mein Gebet!
Amen.
Hl. Johannes Paul II.

Lieber heiliger Josef! Seit meiner Kindheit gehört deine Gestalt zu meinem Leben. Du warst nie ein Fremder für mich, dessen Welt zu verstehen allerlei Mühen verlangen würde. Zu dir gehörte eine männliche Güte, mit der du die schwierigen Situationen angehen konntest, die dir auferlegt waren. Maria vertrauensvoll in dein Haus aufzunehmen, verlangte Mut und Demut. Denn das Geheimnis dieser Frau reichte über die Dimensionen dieser Welt hinaus. Und so ging es dann konkret weiter. Kurz vor der Geburt Jesu Umzug nach Bethlehem; dann war die Flucht nach Ägypten und das zeitweilige Leben in diesem fremden Land zu organisieren. Schließlich die Heimkehr mit dem Verzicht auf das Wohnen in Bethlehem. All dies hast du in deiner für Handwerker nicht leichten Zeit bewältigt und so Jesus den Raum geschaffen, in dem er seine Wirksamkeit beginnen konnte. Demut und Geduld, aber auch eine große innere Heiterkeit gehörte dazu, die dir aus dem innersten Verstehen der Ereignisse von Gott her möglich war. An deiner Gestalt habe ich gelernt, dass der Glaube an Gott, den Vater, uns innere Freiheit und Zuversicht auf den Sieg des Guten in einer verworrenen Welt schenkt. So habe ich mit dir immer über die Dinge des Alltags sprechen können und von dir die Zuversicht des Glaubens gelernt, die uns den Humor in allen Widerfährnissen zu behalten lehrt.

Heiliger Josef, heute ist die Sorge um die Kirche in unseren deutschsprachigen Ländern jene Not, die mich am meisten bedrängt und die ich dir Tag um Tag anvertraue. Die Kirche erscheint vielfach nur noch als eine Möglichkeit, selbst Gewicht zu erlangen. Die Kirche ist nicht mehr eine Kraft, die uns von uns selbst wegführt und so freimacht, indem sie uns an Gott bindet. Der Streit um die Kirche bringt uns gegeneinander auf. Kirche ist nicht mehr Zeugnis für die Einheit schenkende Kraft des Glaubens an den dreifaltigen Gott, sondern Ort der Zerrissenheit und des Gegeneinanders. Lieber heiliger Josef, du kennst Ähnliches aus der Zeit, in der du Jesus in die jüdische Geschichte einführen musstest. So bitte ich dich recht von Herzen, hilf, dass wir von neuem Kirche als Glieder des Leibes Christi verstehen und lieben lernen. Heiliger Josef, bitte für uns!

Benedikt XVI.

Akt des Anvertrauens an die Fürsprache des heiligen Josef

Beschütze, heiliger Beschützer, unser Land.

Erleuchte jene, die für das Gemeinwohl verantwortlich sind, damit sie es verstehen, wie du Sorge zu tragen für die Menschen, die ihrer Verantwortung anvertraut sind.

Schenke wissenschaftliches Verständnis allen, die nach geeigneten Mitteln für die Gesundheit und das physische Wohl der Brüder und Schwestern suchen.

Stütze jene, die sich für die Notleidenden verausgaben: die ehrenamtlichen Helfer, die Krankenpfleger, die Ärzte, die an vorderster Front stehen, um die Kranken zu heilen, auch auf Kosten der eigenen Gesundheit.

Segne, heiliger Josef, die Kirche: Mache sie, begonnen bei ihren Dienern, zum Zeichen und Werkzeug deines Lichtes und deiner Güte.

Begleite, heiliger Josef, die Familien: Mit deinem betenden Schweigen baue Harmonie zwischen Eltern und Kindern, insbesondere den kleinsten unter ihnen, auf.

Bewahre die alten Menschen vor der Einsamkeit: Gib, dass niemand in der Verzweiflung der Verlassenheit und der Entmutigung zurückgelassen werde.

Tröste die Schwachen, *ermutige* die Wankenden, *halte Fürsprache* für die Armen. Mit der Jungfrau und Gottesmutter *bitte* den Herrn, dass er die Welt von jeder Form der Pandemie befreien möge.

Amen.

Papst Franziskus

Sei gegrüßt, du Beschützer des Erlösers
und Bräutigam der Jungfrau Maria.
Dir hat Gott seinen Sohn anvertraut,
auf dich setzte Maria ihr Vertrauen,
bei dir ist Christus zum Mann herangewachsen.
O heiliger Josef, erweise dich auch uns als Vater,
und führe uns auf unserem Lebensweg.
Erwirke uns Gnade, Barmherzigkeit und Mut,
und beschütze uns vor allem Bösen.
Amen.

Papst Franziskus

Heiliger Josef, glorreicher Patriarch

Heiliger Josef, glorreicher Patriarch,
der du das Unmögliche möglich machen kannst,
komm mir in meiner Not und Bedrängnis zu Hilfe.
Gewähre in den ernsten und schwierigen Anliegen,
die ich dir anvertraue, deinen Schutz,
sodass alles ein glückliches Ende nimmt.
Mein geliebter Vater,
ich setze mein ganzes Vertrauen in dich.
Niemand soll sagen können,
er habe dich vergeblich angerufen,
und da du bei Jesus und Maria alles erwirken kannst,
lass mich erfahren,
dass deine Güte ebenso groß ist wie deine Macht.
Amen.
Gebet, das Papst Franziskus jeden Morgen betet

Weihe an den heiligen Josef

Heiliger Josef, ich weihe mich dir,
um dich für immer nachzuahmen
als dein liebenswertes Kind.
Nimm mich zu eigen an,
meinen Leib und meine Seele,
und tu mit mir,
was du selbst tun würdest zur Ehre Jesu.
Auch er vertraute sich dir völlig an:
So ließ er sich von dir führen,
wie du es für richtig hieltst,
er bestimmte dich zu seinem Vater
und gehorchte dir als folgsamer Sohn.
Heiligstes Herz Jesu,
ich danke dir,
dass du uns Josef zum Vater gegeben hast,
dass du uns alles gegeben hast –
alles, was du hast, und alles, was du bist.
Gib, dass ich dir Liebe für Liebe schenke.
Darum bitte ich dich im Vertrauen auf die Fürsprache
und im Namen des heiligen Josef.
Hl. Charles de Foucauld
(Auszüge aus einer Meditation vom 1. März 1905)

Heiliger Josef, reich an Ehren

Heiliger Josef, reich an Ehren,
Bräutigam der Jungfrau Maria,
gewähre uns deinen väterlichen Schutz,
wir bitten dich darum in der Liebe des Herzens Jesu.
Die Macht deiner Fürbitte
erstreckt sich auf alle Not dieser Welt,
und du kannst für uns
das Unmögliche möglich machen:
Richte deinen väterlichen Blick
auf die Anliegen deiner Kinder.
In der Bedrängnis und dem Leid,
die uns bedrücken, eilen wir voll Vertrauen zu dir.
Nimm diese wichtige und schwierige Angelegenheit,
die uns so viel Sorgen bereitet,
gnädig unter deine liebevolle Obhut.
Gib, dass ihr guter Ausgang zur Ehre Gottes
und zum Wohl seiner Kinder gereichen möge.
Amen.
Hl. Franz von Sales

Heiliger Josef, dir zu Füßen

Heiliger Josef, dir zu Füßen verehre ich dich
als den Vater meines Herrn und Gottes Jesus Christus
und als das Oberhaupt der Heiligen Familie,
an der die Heiligste Dreifaltigkeit Gefallen hat
und die ihre Freude ist.
Wie wunderbar ist es für dich,
der Vater von Gottes eingeborenem Sohn zu sein.
Wie glücklich aber sind wir
allein schon bei dem Gedanken,
dass du auch unser Vater bist
und dass wir deine Kinder sind.
Ja, wir sind deine Kinder,
denn wir sind Brüder und Schwestern Jesu Christi,
der dein Sohn genannt werden wollte,
und als solchen kommt auch uns
die Zärtlichkeit deines väterlichen Herzens zu.
Diese Zärtlichkeit und Güte
erflehen wir in deinem Namen bei Jesus,
der deinem Herzen lieb und teuer ist.
So nimm uns denn an!
Nimm uns unter deinen Schutz!
Schenke uns Liebe zur heiligen Armut
und lass uns nach Geduld, Klugheit, Milde,
Bescheidenheit und Reinheit streben.
Sei uns Zuflucht und sicherer Hort
in all unseren Sorgen und Nöten

in unserem Leben
wie auch in der Stunde unseres Todes.
Amen.
Sel. Bartolo Longo

Ich grüße dich, Josef

Sei gegrüßt, Josef, du Abbild des himmlischen Vaters.
Sei gegrüßt, Josef, du Vater des göttlichen Sohnes.
Sei gegrüßt, Josef, du Heiligtum des Heiligen Geistes.
Sei gegrüßt, Josef,
    du Geliebter der Heiligsten Dreifaltigkeit.
Sei gegrüßt, Josef, du vollkommen treuer Helfer
    des ewigen Ratschlusses Gottes.
Sei gegrüßt, Josef, du wahrhaft würdiger Bräutigam
    der jungfräulichen Mutter.
Sei gegrüßt, Josef, du Vater aller Gläubigen.
Sei gegrüßt, Josef, du Hüter aller,
    die sich zur gottgeweihten Jungfräulichkeit
    entschlossen haben.
Sei gegrüßt, Josef, du treuer Bewahrer
    des heiligen Schweigens.
Sei gegrüßt, Josef, du Freund der heiligen Armut.
Sei gegrüßt, Josef, du Vorbild
    der Sanftmut und der Geduld.
Sei gegrüßt, Josef, du Spiegel
    der Demut und des Gehorsams.
Gesegnet bist du vor allen Männern.
Gesegnet sind deine Augen,
    die gesehen, was du sehen durftest.
Gesegnet sind deine Ohren,
    die gehört, was du hören durftest.

Gesegnet sind deine Hände,
    die das Fleisch gewordene Wort berührt haben.
Gesegnet sind deine Arme,
    die den getragen haben, der alles trägt.
Gesegnet ist deine Brust,
    an der der Sohn Gottes sanft ruhte.
Gesegnet ist dein Herz,
    erfüllt mit brennender Liebe zu ihm.
Gepriesen sei der Ewige Vater,
    der dich erwählt hat.
Gepriesen sei der Sohn,
    der dich geliebt hat.
Gepriesen sei der Heilige Geist,
    der dich geheiligt hat.
Gepriesen sei Maria, deine Braut,
    die dich geliebt hat als ihren Bräutigam und Bruder.
Gepriesen sei der Engel,
    der dir als Schützer gedient hat.
Gepriesen seien für immer alle,
    die dich lieben und die dich preisen.
Amen.

Hl. Johannes Eudes

Gedenke unser

Gedenke unser, o heiliger Josef,
und sei durch deine mächtige Fürbitte
unser Vermittler bei deinem Pflegesohn.
Mach uns auch deine Braut,
die allerseligste Jungfrau, geneigt,
die Mutter dessen,
der mit dem Vater und dem Heiligen Geist
lebt und herrscht von Ewigkeit zu Ewigkeit.
Amen.
Hl. Bernhardin von Siena

Weihe des Landes an den heiligen Josef

Heiliger Josef,
du Bräutigam der allerseligsten Jungfrau Maria,
der Mutter Jesu und Mutter der Menschheit,
die mit ihrem Sohn
voll Güte und Liebe auf unser Land schaut:
Dir weihen und vertrauen wir heute
unser Land mit seinen Bewohnern und Familien an.
Behüte, verteidige und schütze es!
Bitte für dieses Land, dass der Glaube rein sei;
dass die Hirten heilig
und die geistlichen Berufungen zahlreich seien;
dass das Leben stets unantastbar sei
und verteidigt werde;
dass gute Sitten herrschen;
dass die Familien in Frieden
und geordneten Verhältnissen leben;
dass die Kinder christlich erzogen werden;
dass die Regierenden
vom Heiligen Geist erleuchtet seien;
dass überall Liebe, Gerechtigkeit
und Frieden herrschen.
Du kluger Hüter der Heiligen Familie,
bewahre, verteidige und schütze
unsere jungen Menschen,
die unsere Hoffnung auf eine bessere Welt sind,
wie auch die Alten,

welche die Wurzeln unseres Glaubens
und Lehrmeister des Lebens sind.
Erwirke uns durch deine mächtige Fürsprache
zusammen mit deiner heiligen Braut,
dass von Neuem Männer und Frauen aufstehen,
die den Mut haben,
gegen ungerechte Gesetze zu kämpfen,
die gegen Gott und Mensch gerichtet sind.
O heiliger Josef, mit deinem Beistand möge unser Land
weiterhin die christliche Kultur lebendig halten,
das Licht des Evangeliums verbreiten
und Heilige hervorbringen
zur Ehre des himmlischen Vaters
und zum Heil aller Menschen.
Wie du einst das bedrohte Leben des Jesuskindes
vor dem Tod bewahrt hast,
so verteidige die heilige Kirche Gottes
und den Glauben unserer Familien
vor allen dunklen Nachstellungen
und Fallstricken des Bösen.
Jesus, Maria und Josef,
segnet, schützt und rettet unser Land!
Mit eurer Hilfe und durch eure Fürbitte
möge es Christus die Türen wieder weit aufreißen.
Amen.

nach einem Gebet von Don Stefano Lamera

Heiliger Josef, unser Schutzpatron

Heiliger Josef, Meister des geistlichen Lebens:
Lehre uns, auch im Alltag
in der Einheit mit Jesus und Maria zu leben
und nur der Liebe des Vatergottes zu vertrauen.
Heiliger Josef, Vater der Familie von Nazaret:
Dir wollen wir die Zukunft unserer Familien
anvertrauen;
sie mögen eine Heimstatt sein
für Liebe und Gastfreundschaft.
Hilf uns in der christlichen Erziehung unserer Kinder.
Heiliger Josef, Vorbild der Arbeiter:
Dir empfehlen wir unsere tägliche Arbeit.
Möge sie zum Wohlergehen aller beitragen.
Hilf uns, sie im Geiste wahren Dienens zu vollenden.
In diesem Sinne bitten wir dich für alle,
die auf der Suche nach Arbeit sind.
Heiliger Josef, treuer Schutzherr der Kirche:
Ermutige die Christen, immer und überall
treue Zeugen des Evangeliums zu sein
inmitten einer Welt, die unter Schmerzen
auf der Suche nach Geschwisterlichkeit
und Frieden ist.
Amen.
Kardinal Léon Josef Suenens

Heiliger Josef, mein Freund

Heiliger Josef, man nennt dich den Gerechten,
den Zimmermann, den Schweiger.
Ich möchte dich meinen Freund nennen.
Zusammen mit Jesus,
Gottes Sohn und meinem Heiland,
zusammen mit Maria,
deiner Braut und meiner himmlischen Mutter,
hast du einen festen Platz in meinem Herzen,
hast du einen festen Platz in meinem Leben.
Wo finde ich den Herrn?
Auch du hast ihn gesucht und du hast ihn gefunden.
Sag mir, wo er ist!
Sag mir, wo er ist,
wenn die Tage dahinfliegen,
ohne Spuren zu hinterlassen,
nichts sind als Arbeit und Mühe,
voll Einsamkeit und Kummer.
Sag mir wo er ist,
wenn Prüfung und Leid mein täglich Brot sind.
Sag mir, wo er ist,
wenn ich ihn nicht mehr suchen will,
allzu satt bin und voll Genüge,
bestens eingenistet bin
in meinem Reichtum und meiner Bequemlichkeit.
Sag mir, wo er ist,
wenn man zu mir kommt,

um bei mir Trost, Rat,
Freundschaft und Freude zu suchen.
Heiliger Josef, mein Freund,
du warst unterwegs bei Regen und Sonnenschein.
Lehre mich, im Alltag des Lebens
dem Herrn zu begegnen!
Du staunender Zeuge dessen,
was der Geist bewirkt hat.
Hilf mir, seine Wunderwerke zu erkennen
und mich ihnen hinzugeben.
Du warst voll Aufmerksamkeit und Sorge
für die Deinen.
Gib, dass mein Herz und meine Hände
stets offen sind für die anderen.
Heiliger Josef, mein Freund,
ohne großes Aufsehen
gingst du heim in die Ewigkeit.
Bleibe mir nahe am Abend meines Lebens.
Höre mein Gebet, das ich nie unterlasse:
Jesus, Maria, Josef,
euch übergebe ich mein Herz,
meinen Geist, mein ganzes Leben.
Amen.

Bischof Léon Soulier

O herzensguter Josef,
liebender Vater all derer,
die ihr Vertrauen auf dich setzen,
heute und allezeit
vertraue ich mich deinem Herzen an,
das ganz Jesus Christus und Maria gehört.
Lehre mich, mich völlig
der göttlichen Vorsehung zu überlassen,
den Schatz des Schweigens zu wahren,
mich Gott ganz zu unterstellen und hinzugeben.
Erfülle mich mit deiner Leidenschaft für Jesus
und mit deiner Zärtlichkeit für Maria.
Deine Hand leite mich auf den Pfaden Christi,
damit ich
die in der Taufe empfangene Gotteskindschaft
in Fülle leben kann.
Erlange mir die Gnade,
die Weinenden zu trösten,
die Einsamen zu stützen
und allen den Weg des Evangeliums zu zeigen.
Schütze mich vor den Angriffen des Bösen,
sei du der sichere Schild in allen Versuchungen
und nimm mich für immer
in dein väterliches Herz auf,

zusammen mit all denen,
die sich mir in ihren Anliegen
(besonders …) empfehlen.
Dies alles, o guter Josef, zur Ehre des Vaters,
des Sohnes und des Heiligen Geistes.
Amen.

Hingabegebet

Heiliger Josef, dein Beistand am Throne Gottes
ist so groß, so wirksam und so unverzüglich,
dass ich dir alle meine Anliegen übergebe.
Heiliger Josef,
hilf mir durch deine mächtige Fürsprache
und erlange für mich bei deinem Pflegesohn,
unserem Herrn Jesus Christus,
alle Gnaden, auf dass ich dir,
da ich mich deiner Macht
auf Erden anvertraut habe,
meinen Dank und meine Ehrerbietung
bezeigen kann.
Heiliger Josef, ich werde nie müde,
dich zu betrachten
und Jesus, der in deinen Armen schläft.
Ich wage nicht, mich zu nähern,
während er an deinem Herzen ruht.
Umarme ihn in meinem Namen.
Küsse für mich sein zärtliches Haupt
und bitte ihn, mir den Kuss
bei meinem letzten Atemzug zurückzugeben.
Amen.

Heiliger Josef, keusch und rein,
lass dein Pflegekind mich sein.
Halt mich rein an Seel' und Leib,
dass in Gottes Gnad' ich bleib.
Heiliger Josef Pflegevater,
Bräutigam der Jungfrau rein,
sei mir Führer und Berater,
hilf mir Gott getreu zu sein.
Amen.

Gebet um eine gute Sterbestunde

O Josef, jungfräulicher Vater Jesu,
reinster Bräutigam der Jungfrau Maria,
bitte immerfort für uns bei Jesus, dem Sohn Gottes,
damit wir durch die Macht seiner Gnade geschützt
siegreich streiten im Leben
und nach dem Tode von ihm gekrönt werden.
Jesus, Maria und Josef,
euch schenke ich mein Herz und meine Seele.
Jesus, Maria und Josef,
steht mir bei im letzten Todeskampfe.
Jesus, Maria und Josef,
möge meine Seele mit euch in Frieden scheiden.
Amen.

Heiliger Josef, du Nährvater Jesu Christi und wahrer Bräutigam der allerseligsten Jungfrau Maria, bitte für uns und für die Sterbenden dieses Tages (dieser Nacht). Amen.

In einem besonderen Anliegen

Heiliger Josef, Nährvater Jesu,
du hast für Jesus Sorge getragen,
du hast ihn gepflegt und geschützt.
Obwohl du vieles nicht verstanden hast,
gehorchtest du dem Wort Gottes
durch den Engel im Traum.
Du liebtest Jesus
und deine Liebe hat Früchte getragen.
Darum wenden wir uns dir, heiliger Josef, zu
und bitten dich für das Anliegen,
das wir dir anempfehlen: …
Im Vertrauen darauf, dass dir Jesus
niemals eine Bitte abschlägt, sondern erhört,
bitte für uns, heiliger Josef.
Amen.

Heiliger Josef, Bräutigam Mariens, du kennst das Familienleben aus eigener Erfahrung. Mit dem Sohn Gottes, der dir als Sohn anvertraut wurde, warst du in gegenseitiger Liebe verbunden. Und auch deine Liebe wuchs mit den Freuden und Schwierigkeiten des Lebens.
Heiliger Josef, beschütze heute unsere Familie. Hilf uns, dass wir einander verstehen. Gib, dass Stolz oder Egoismus niemals unsere Gefühle verletzen. Lass uns in immer größerer Treue unsere Aufgaben und unsere täglichen Pflichten erfüllen. Lass uns dem Sohn Gottes immer näherkommen, der in allen Familien leben und stets in ihrer Mitte gegenwärtig sein möchte.
Amen.

Für einen Kranken

Heiliger Josef, in deiner Barmherzigkeit bist du die Hoffnung der Kranken, und alle Macht Jesu liegt in deinen Händen. So ist für dich nichts unmöglich. Höre gütig alle, die an diesem Tag für die leidenden Glieder der Kirche zur dir rufen. Lindere die Leiden dessen (derer), den (die) wir dir in besonderer Weise anempfehlen. Erlange ihm (ihr) die Gnade, den Willen Gottes in allem anzunehmen. Zeige ihm (ihr) aber deine Güte auch darin, dass du ihm (ihr) Geduld verleihst und seine (ihre) Gesundheit wiederschenkst zusammen mit der Gnade, ein heiliges und Gott wohlgefälliges Leben zu führen.

Guter heiliger Josef, unsere Bitte möge nicht vergebens sein, sondern lass durch diesen erneuten Gnadenerweis unser Vertrauen und unsere Dankbarkeit gegenüber dir und der Güte Gottes immer weiterwachsen.

Amen.

Guter Vater Josef, in der Seligkeit deiner himmlischen Freuden vergiss nicht das Elend deiner Kinder auf Erden! Wirf einen liebevollen Blick auf alle, die sich in Trübsal befinden, auf alle, die mit der Not des Lebens zu kämpfen haben oder den bitteren Kelch des Leidens trinken müssen. Habe Mitleid mit allen Armen und Verlassenen; tröste alle, die einander lieben, aber jetzt getrennt sein müssen. Habe Erbarmen mit allen Kleinmütigen und Hoffnungslosen, mit den Verfolgten und Gefangenen, mit den Kranken und Sterbenden. Lass alle deine Hilfe erfahren, die mit Vertrauen zu dir flehen. Amen.

INHALT